丛书主编
刘 铭

Descartes et Pascal:
lecteurs de Montaigne

笛卡尔与帕斯卡:
蒙田的阅读者

Léon BRUNSCHVICG
〔法〕莱昂·布朗什维克 / 著
左天梦 / 译

海峡出版发行集团 | 福建教育出版社

图书在版编目（CIP）数据

笛卡尔与帕斯卡：蒙田的阅读者 /（法）莱昂·布朗什维克著；左天梦译. ——福州：福建教育出版社，2025.8. ——（西方思想文化译丛 / 刘铭主编）.
ISBN 978-7-5758-0590-2

Ⅰ．B565.21；B565.23
中国国家版本馆CIP数据核字第2025Z6U110号

西方思想文化译丛
刘铭　主编

Descartes et Pascal : lecteurs de Montaigne
笛卡尔与帕斯卡：蒙田的阅读者
（法）莱昂·布朗什维克　著　左天梦　译

出版发行	福建教育出版社
	（福州市梦山路27号　邮编：350025　网址：www.fep.com.cn
	编辑部电话：010-62027445
	发行部电话：010-62024258　0591-87115073）
出 版 人	江金辉
印　　刷	福州万达印刷有限公司
	（福州市闽侯县荆溪镇徐家村166-1号厂房第三层　邮编：350101）
开　　本	890毫米×1240毫米　1/32
印　　张	8.25
字　　数	157千字
插　　页	1
版　　次	2025年8月第1版　2025年8月第1次印刷
书　　号	ISBN 978-7-5758-0590-2
定　　价	56.00元

如发现本书印装质量问题，请向本社出版科（电话：0591-83726019）调换。

编者的话

在经过书系的多年发展之后,我一直想表达一些感谢和期待。随着全球新冠疫情的暴发,与随之而来的全球经济衰退和政治不安因素的增加,各种思潮也开始变得混乱,加之新技术又加剧了一些矛盾……我们注定要更强烈地感受到危机并且要长时间面对这样的世界。回想我们也经历了改革开放发展的黄金四十年,这是历史上最辉煌的经济发展时段之一,也是思潮最为涌动的时期之一。最近的情形,使我相信这几十年从上而下的经济政治的进步,各种思考和论争,对人类的重要性可能都不如战争中一个小小的核弹发射器,世界的真实似乎都不重要了。然而,人类对物质的欲望在网络时代被更夸大地刺激着,陀思妥耶夫斯基的大法官之问甚至可能成为这个时代多余的思考,各种因素使得年轻人不愿把人文学科作为一种重要的人生职业选择,这令我们部分从业者感到失落。但在我看来,其实人文学科的发展或衰退如同经济危机和高速发展一样,它总是一个阶段性的现象,不必过分夸大。我坚信人文学科还是能够继续发展的,每一代年轻人也不会抛弃对生命意义的反思。我们对新一代有多不满,我们也就能从年轻人身上看到多大的希望,这些希望就是我们不停地阅读、反思、教授的动力。我想,这也是我们还能坚持做一个思想文化类的译丛,并且得到福建教育出版社大力支持的原因。

八闽之地，人杰地灵，尤其是近代以来，为中华文化接续和创新做出了重要的贡献。严复先生顺应时代所需，积极投身教育和文化翻译工作，试图引进足以改革积弊日久的传统文化的新基因，以西学震荡国人的认知，虽略显激进，但严复先生确实足以成为当时先进启蒙文化的代表。而当今时代，文化发展之快，时代精神变革之大，并不啻于百年前。随着经济和政治竞争的激烈，更多本应自觉发展的文化因素也被裹挟进一个个思想的战场，而发展好本国文化的最好途径，依然不是闭关锁国，而是更积极地去了解世界和引进新思想，通过同情的理解和理性的批判，获得我们自己的文化发展资源，参与时代的全面进步。这可以看作是严复、林纾等先贤们开放的文化精神的延续，也是我们国家改革开放精神的发展。作为一家长期专业从事教育图书出版的机构，福建教育出版社的坚持，就是出版人眼中更宽广的精神时空，更真实的现实和更深远的人类意义的结合，我们希望这种一致的理想能够推动书系的工作继续下去，这个小小的书系能为我们的文化发展做出微小的贡献。

这个书系产生于不同学科、不同学术背景的同道对一些问题的争论，我们认为可以把自己的研究领域中前沿而有趣的东西先翻译过来，用作品说话，而不是流于散漫的口舌之争，以引导更深的探索。书系定位为较为专业和自由的翻译平台，我们希望在此基础上建立一个学术研究和交流的平台。在书目的编选上亦体现了这种自由和专业性相结合的特点。最初的译者大多都是在欧洲攻读博士学位的新人，从自己研究擅长的领域开始，虽然也会有各种问题，但也带来了颇多新鲜有趣的研究，可以给我们更多不同的思路，带来思想上的冲击。随着大家研究的深入，这个书系将会带来更加优秀的原著和研究作品。我们坚信人文精神不会消亡，甚至根本不会消退，在我们每一本书里都能感受到作者、译者、编者的热情，也看到了我们的共同成长，我们依然会坚持这些理想，继续前进。

刘铭

于扬州大学荷花池校区

目　录

前言 ／ 001

出版社告知书（1945年） ／ 047

序 ／ 049

蒙田 ／ 051

笛卡尔 ／ 139

帕斯卡 ／ 177

结论 ／ 234

前 言

> 我继续写作,以了解我是如何生存下来的……
> ——莱昂·布朗什维克(Léon Brunschvicg),1941年12月28日,《致让·瓦尔(Jean Wahl)的信》

> ……蒙田,我在这里!我在我们文明的中心。
> ——阿兰(Alain),1944年,《日记》(*Journal*)

明晰与撕裂

在为数不多的关于现代性意义研究的重要著作中,《笛卡尔与帕斯卡:蒙田的阅读者》无疑占据了重要位置。诚然,"现代性"这个词以及"现代性"这个概念并没有出现在这些文本中。但是,布朗什维克在探索笛卡尔和帕斯卡的思想与蒙田的普遍怀疑论之间的关联时,描绘了一种撕裂,这正是一直以来我们深刻体验到的"现代性"的标志:笛卡尔和帕斯卡的部分作品代表了现代科学,它不仅追求对世界的认知、确定与进步,还在这一过程中确定和提升了科学的地位和价值。蒙田似乎站在了这些价值观的对立面,他在《为雷蒙·塞邦辩护》的结尾表达了对存在本身的极度不确定性。

笛卡尔与帕斯卡：蒙田的阅读者
Descartes et Pascal : lecteurs de Montaigne

我们与存在没有交流，因为所有的人性总是处于生与死之间，只留给自己一个模糊的表象和影子，以及一种不确定且软弱无力的意见。[1]

在《笛卡尔与帕斯卡：蒙田的阅读者》一书中，布朗什维克的目标是让这些对立不期而遇：虽说看似不可能的解读，但在笛卡尔和帕斯卡（布朗什维克更喜欢理性的帕斯卡，而非宗教的帕斯卡）的科学与蒙田的怀疑论之间，发生了意想不到的交会。贯穿全书的主线带领读者从蒙田对确定性——在此之后，"没有任何东西可以为知识的构建提供基础和秩序"[2]——发出的巨大挑战出发，到笛卡尔与帕斯卡并不怀疑这一问题的合法性并以各自的方式"接受这一挑战"，对"确定性"进行重建和尝试。这正是现代性的发展轨迹。事实上，17世纪以来，在西方蓬勃发展的现代文明积累了极其丰富的知识和技术，没有哪种文明能够与之匹敌。过去的三个世纪里，知识与道德原则的价值也从未像现在这样受到如此强烈的质疑。如今，科学的胜利实现了笛卡尔当年试图掌控自然的野心。然而，被后世称为"相对主义的问题"让蒙田的《随笔集》显得更加意义深远。

---

[1] 蒙田，《随笔集》第二卷第十二章，《为雷蒙·塞邦辩护》。
[2] 《笛卡尔与帕斯卡：蒙田的阅读者》（法语原版），第76—77页。

前 言

透过《笛卡尔与帕斯卡：蒙田的阅读者》一书，布朗什维克带我们回到了关于"现代性"的历史源头，体会到了科学与不确定性之间意想不到的结合。若用"历史"这个词来形容这三位作家之间的互动和影响则显得过于平淡，本书作者更倾向于用"戏剧"①这个词来形容。四个世纪过去了，这出"戏剧"对我们的世界观产生了重要影响，并构成了现代性的条件及现代思想的基础。不过，布朗什维克对蒙田的回归，意味着现代性的另一种意义。《笛卡尔与帕斯卡：蒙田的阅读者》写于二战这一悲剧时期，书里形容这是一个"可怕的时代"，这已成为现代性的一部分，像是20世纪对16世纪的一种回应，与之一起陷入恐怖和毁灭之中。

但是，哲学议题的重要性不应让我们忽视了作品本身的文学性。《笛卡尔与帕斯卡：蒙田的阅读者》无疑是一本成功介绍法国古典哲学的入门书籍，推荐广大读者阅读。该书自1942年出版以来，一直被专家视为权威参考书，赢得了经典之作的美誉。本书论述清晰、话语简明，论证过程具有极高的严谨性和精确性。这些优点充分显示出《笛卡尔与帕斯卡：蒙田的阅读者》不仅吸引了哲学家和大学学者的目光，还吸引了大量有文

---

① 《笛卡尔与帕斯卡：蒙田的阅读者》（法语原版），第142页。

003

笛卡尔与帕斯卡：蒙田的阅读者
Descartes et Pascal : lecteurs de Montaigne

化素养的读者。在布朗什维克这位出色读者的陪伴下，他们将会高兴地重新认识16、17世纪的三位伟大思想家。作者的才华和博学在书中展现得淋漓尽致。整本书洋溢着一种深切的同情之力，饱含深厚的文化底蕴，以至于布朗什维克几乎隐退在他那充满召唤力的文字背后，让我们去追随笛卡尔与帕斯卡；同时，他又将我们引入那位独立精神导师蒙田的课堂。本书作者变身成为阅读自己作品的一道明亮倒影。最终，身为读者的布朗什维克化身成为了一位乐于启发的引路人。

《笛卡尔与帕斯卡：蒙田的阅读者》问世半个世纪后，依然与我们息息相关，并深深吸引着我们。因为它揭示了现代性那撕裂、震颤的本质——在现代科学的绝对确定性与怀疑主义产生的巨大焦虑之间形成了一种不可思议的联盟。"我怀疑，我知道，我相信"[①]：这三个词定义了舞台，上演着在"不同价值之间巨大的相对性、怀疑带来的冲突、最伟大的科学中获取的最伟大知识"之间的剧情。但是，和经典作品一样，本书的简洁与严谨吸引了读者：戏剧找到了自己的语言——纯粹而清晰。

[①] 《笛卡尔与帕斯卡：蒙田的阅读者》（法语原版），第141—142页。

布朗什维克的人生

1942年,《笛卡尔与帕斯卡:蒙田的阅读者》在瑞士由巴康尼埃出版社出版,当时,布朗什维克已年届73岁。这是他的最后一部作品,正如阿诺德·雷蒙(Arnold Reymond)在1945年[①]向布朗什维克致敬时所说的那样,这无疑是他的"哲学遗嘱"。事实上,《笛卡尔与帕斯卡:蒙田的阅读者》代表着布朗什维克学术成就的高峰,它标志着一个时代,甚至可能超越了他之前所有的作品。

布朗什维克(1869—1944年)、柏格森(1859—1941年)与阿兰(1868—1951年)并称二战前法国哲学界"三巨头"。其中,布朗什维克的思想现今是最少为人知的。在这三位大师中,柏格森享有世俗的荣耀,阿兰扮演着独立战士的角色,而布朗什维克则逐渐成为哲学界的知名人士。布朗什维克于1888年从巴黎高等师范学院毕业,1891年通过哲学高等教师资格考试,参与创立了重要的哲学期刊《形而上学与道德评论》[②](*Revue de Métaphysique et de Morale*),该刊物聚集了19世纪90年代,也是年轻一代的哲学精英,包括埃米尔·夏蒂埃(Émile Chartier,

---

[①] 《阿诺德·雷蒙先生的信》(«Lettre de M. Arnold Reymond»),载《形而上学与道德评论》(*Revue de Métaphysique et de Morale*)第五十五卷,1945年,第11页。
[②] 与他的同事埃利·哈雷维(Élie Halévy)、泽维尔·莱昂(Xavier Léon)于1893年创刊。

即后来的阿兰)、埃利·哈雷维（Élie Halévy）、保罗·朗多尔米（Paul Landormy）、泽维尔·莱昂（Xavier Léon）和多米尼克·帕罗迪（Dominique Parodi）等。1897年，他被索邦大学授予博士学位，其博士论文是关于判断的方式，引起评审委员会不满，因此论文未能获得"非常优秀"这一荣誉——这最终成为了布朗什维克辉煌职业生涯中的少数挫折之一。但这并不妨碍他在索邦大学任教[1]，并成为当时最著名的哲学教授。1919年，他成为法兰西道德与政治科学院（Académie des sciences morales et politiques）院士，并于1932年担任院长，此外还多次担任高等教育入学考试和巴黎高等师范学院的评审委员：他成为了一位杰出的学者。到了20世纪30年代，布朗什维克被大家视为"学术官员（权威）"，这是当时对学术界具有重要影响力人物的俗称。此外，他青年时期在学术界就屡获佳绩。

……从三年级开始，他就在法国中学综合竞赛（Concours Général）中多次获奖，成为我们这所古老中学的荣耀之一。[2]

在他之前就读的高中里，这位"荣耀"人物遇到了未来的另一位"荣耀"人物，那就是马塞尔·普鲁斯特（Marcel

---

[1] 1909年，布朗升维克在索邦大学任讲师，之后成为近代哲学历史教授。
[2] 安德烈·克雷松（André Cresson），《信》，《形而上学与道德评论》第五十五卷，1945年，第5页。这里提到的是孔多塞中学（lycée Condorcet）。

Proust），布朗什维克年轻时曾与普鲁斯特有过一面之缘。1891年，他与两名同学因一篇关于斯宾诺莎的论文共同获得了道德与政治科学院颁发的博尔丹奖（prix Bordin），这是他在师范学校取得的第一个学术成就。基于这项研究，他出版了第一本专著，经过三十多年的多次修订，最终版标题定为《斯宾诺莎及其同时代人》（Spinoza et ses contemporains）。从克劳德·勒海克（Claude Lehec）在其《哲学文集》[①]（Écrits philosophiques）第三卷发布的参考书目中可以看出，这本专著标志着布朗什维克一生丰硕成果的开端，其研究几乎涵盖了所有哲学领域。这份书目长达40页，展现出布朗什维克作品丰富且多产。然而，我们可以从中看出他特别感兴趣的两个研究重点，这两点构成了他大部分作品的核心。布朗什维克工作的第一个方向始于对斯宾诺莎的研究：这确定了他投身于笛卡尔主义研究的基调。在后续一系列的著作中，我们读到了帕斯卡《思想录》的经典版本，还有大量关于斯宾诺莎、帕斯卡和笛卡尔的研究成果，当然，其中包括本书《笛卡尔与帕斯卡：蒙田的阅读者》。布朗什维克的另一个思考方向是对智力和理性的探寻，后者建立在将科学视为思维的理性范式的基础之上。关于这一主题，他发表了大量文章，出版了众多重要专著，如《数学哲学的各个阶段》（Les étapes de la philosophie mathématique，1912年）和《人类的

[①] 三卷本，1958年于P.U.F（法国大学出版社）出版。

笛卡尔与帕斯卡：蒙田的阅读者
Descartes et Pascal : lecteurs de Montaigne

经验与数学的因果关系》（*L'expérience humaine et la causalité mathématique*，1922年）。布朗什维克在其中开展了关于理性历史的探究，探索人类如何通过科学发展和对自然的认知逐渐认识自我。这就是1912年出版的论著（指《数学哲学的各个阶段》）标题中"数学哲学"表达的真正意义。在他看来，数学以及更广义上的（数学化的）现代科学，既不是一种思维技巧，也不是一种工具，它是观察世界的一个视角，也是理性本身的视角。哲学是理性的作品，它不能脱离理性，否则就有可能迷失自己。

而后，布朗什维克的一生走到了荒凉的尽头。第二次世界大战是他一生中最黑暗的时期。这场磨难始于逃亡。布朗什维克最终在艾克斯—普罗旺斯地区找到了避难所。根据我们掌握的资料，大概在1941年，他完成了《笛卡尔与帕斯卡：蒙田的阅读者》[1]一书的撰写。他巴黎的房子被德军洗劫一空，手稿散落不见[2]。他被迫与移居英国的子女分离，不得不接受失去资产阶级生活的现实。病魔缠身的布朗什维克顽强地承受着晚年生活中突如其来的命运打击。从1942年起，自由区被德军入侵，

---

[1] 在缺乏直接证据的情况下，我们依循埃米尔·布雷耶尔（Émile Bréhier）在《形而上学与道德评论》上发表的《莱昂·布朗什维克：其人其作》（第3页），以及罗伯特·滕杰尔（Robert Tenger）在《笛卡尔与帕斯卡：蒙田的阅读者》（美国版，布伦塔诺书店，纽约，1944年，第9页）中所述。
[2] 根据布雷耶尔在《形而上学与道德评论》上发表的《莱昂·布朗什维克：其人其作》所述。

这使他的处境更加艰难。他搬了家，躲藏起来，隐姓埋名，缩短了姓氏的长度，自称"布伦"（Brun），像是他的生命被剥夺了自由。这些预防措施并非多余。莱昂·布朗什维克和他的妻子塞西尔（Cécile）代表了反犹太的维希政权所憎恨和追捕的一切。犹太人、大资产阶级属于温和的左翼，他是杰出的知识分子，她曾任人民阵线部长——事实上，塞西尔·布朗什维克是共和国历史上第一批在莱昂·布卢姆（Léon Blum）手下担任部长职务的两位女性之一——因为当时法国的命运未知，社会陷入混乱，所以这对夫妇生活在恐惧和担忧之中。1944年，布朗什维克逝世，未能看到他的国家获得解放。他不仅是学界的杰出人物，也是共和国历史的一部分，与之一同消逝的，是那位丰塔内斯中学（Lycée Fontanes）的犹太奖学金获得者——他通过自己的努力，达到了某种社会世俗眼中的成功巅峰。

作品的接受

布朗什维克的著作无疑在二战前那个年代留下了浓墨重彩的一笔，其影响力无可争议。皮亚杰（Piaget）和阿隆（Aron）毫不犹豫地声称自己受到布朗什维克思想的启发和影响。然而，

笛卡尔与帕斯卡：蒙田的阅读者
Descartes et Pascal : lecteurs de Montaigne

其影响力在后世却变得更为不确定。尽管勒内·雷蒙[①]（René Rémond）指出，布朗什维克在1945年仍主导着学界的哲学研究，但他的影响力在20世纪50年代有所下降。第二次世界大战造成的断裂在一定程度上导致了人们对他的兴趣下降。战前主导学术界的哲学家要么已经去世（柏格森和布朗什维克），要么远离了公众的视线（阿兰）。更为要命的是，世界已经发生了变化。大师们在战前没有预见即将到来的悲剧，战争一旦结束，他们似乎就与随之而来的世界没有什么联系了。这个世界更新换代的速度异常地快。刊物《现代》（Temps Modernes）团队中的名字开始崭露头角：阿隆、波伏娃、梅洛-庞蒂、萨特。他们跨越了布朗什维克那一代人创造的、蓬勃发展的学术界。20世纪20年代，巴黎高师的学生几乎毫无过渡地继承了19世纪90年代的那批思想家的成果。这两代思想家相隔三十五年，但他们之间似乎不存在过渡期。实际上的确不存在中间的一代：像是勒塞纳（Le Senne）、纳伯特（Nabert，非常低调），甚至是马塞尔（Marcel，名气稍逊），他们的名字和作品小有名气，本应担任这一角色，但最终没有确立自身的地位。因此，两代之间没有继承，只有突然的变化。这有助于我们理解战前哲学为何迅速被遗忘。同时，布朗什维克的特殊处境只能部分归因于战争

[①] 勒内·雷蒙（René Rémond），《艾梅·萨瓦尔采访勒内·雷蒙——活在我们的历史中》（«Aimé Savard interroge René Rémond, Vivre notre histoire»），出自《访谈》（Les interviews），无日期，第41页。

时期造成的断裂，因为从某种程度上来说，他是那些在战后逐渐被人遗忘的思想家中被遗忘得最彻底的一位。相比之下，柏格森的思想则展现出"一种几乎新奇的气息"①。20世纪50年代，阿兰拥有一批忠实的追随者，他们在中学教学中确保阿兰的思想得以传承。而布朗什维克却遭到了突如其来的冷落。尽管在1951年至1958年期间出版了他所著的《哲学文集》（三卷本），但他的作品只在学术界得到传播。在布朗什维克逝世半个世纪后的今天，我们应该重新审视这一误解，并重新认识其思想的原创性。而这一原创性在《笛卡尔与帕斯卡：蒙田的阅读者》这本令人惊讶和充满痛苦的著作中得到了最清晰、最充分的体现。

蒙田的视野

《笛卡尔与帕斯卡：蒙田的阅读者》无疑是一部"哲学遗嘱"，但它或许不是最直接意义上的"哲学遗嘱"，因为它意味着布朗什维克将自己思想中最重要的想法汇集在一起留给后人。而布朗什维克最后一部作品《话语与思想的传承》（*Héritage de mots, héritage d'idées*）更为综合地凝聚了他的思想。书名中

---

① 勒内·雷蒙，《艾梅·萨瓦尔采访勒内·雷蒙——活在我们的历史中》，出自《访谈》，无日期，第41页。

笛卡尔与帕斯卡：蒙田的阅读者
Descartes et Pascal : lecteurs de Montaigne

"传承"（héritage）一词显而易见地表明这是一份真正的思想遗产：这本人生最后的著作展现了布朗什维克的思想要旨，他也把这本书视作为自己孙女[1]编写的教科书。《笛卡尔与帕斯卡：蒙田的阅读者》是如此的与众不同。当然，这本著作包含了贯穿布朗什维克整个哲学生涯的主要议题：对科学的推崇、对经院哲学的批判、对笛卡尔主义的赞美以及对理性与宗教之间关系的反思。但它并非一本严格意义上的综述，其抨击角度非常特别，在某种程度上，与布朗什维克之前通常探讨这些主题的内容大相径庭。布朗什维克忠实于自己的想法，这点毋庸置疑。将《笛卡尔与帕斯卡：蒙田的阅读者》与他之前的作品或之后的《话语与思想的传承》放在一起进行阅读，并无难度。主题上的连贯性显而易见。但这样的连贯性比起论点的反转，显得没有那么重要。《笛卡尔与帕斯卡：蒙田的阅读者》是一份遗嘱，因为其中浓缩了布朗什维克思想的精华，这份遗嘱是开放的，并且见证了作者对现代哲学史新的理解。

"蒙田"：这个名字象征着这一反转，《笛卡尔与帕斯卡：蒙田的阅读者》一书研究了三位作家。其实，在布朗什维克之前的研究中论及蒙田的次数最少。从布朗什维克的大量出版物和

---

[1] 根据罗伯特·滕杰尔在《笛卡尔与帕斯卡：蒙田的阅读者》（美国版，布伦塔诺书店，纽约，1944年）中所述。

研究成果[①]来看，他的名字"一直与帕斯卡紧紧相连"[②]，对他而言，笛卡尔的重要性也丝毫不减。布朗什维克毫不犹豫地谈到"多亏笛卡尔的天才之资，数学领域中才爆发了具有决定性的革命"[③]。《笛卡尔与帕斯卡：蒙田的阅读者》一书中，我们发现了这场"决定性的革命"的背景部分正是笛卡尔对蒙田思想的回应。对现代理性和现代科学的思考始于笛卡尔，而布朗什维克对此极为重视。从这个意义上说，他可能觉得自己与笛卡尔更为接近。另一方面，布朗什维克指出，他与帕斯卡之间"想法并不相通"[④]。尽管如此，他还是进行了完整的解读，从这个角度来看，《笛卡尔与帕斯卡：蒙田的阅读者》正是他那种缺乏共鸣却依然充满兴趣的新体验。

相比之下，布朗什维克似乎对蒙田并不感兴趣。在《笛卡尔与帕斯卡：蒙田的阅读者》中，他解释道：

[①] 布朗什维克在Hachette出版社编辑出版了帕斯卡的作品：《思想录及短篇作品》（*Pensées et opuscules*）（1897年）、《思想录》（*Pensées*）（1904年）以及《作品集》（*Œuvres*）（1908—1914年，共14卷。此外，他还出版了专著《帕斯卡的天才》（*Le génie de Pascal*, Hachette, 1924年），并且G.刘易斯（G. Lewis）于1953年将布朗什维克关于帕斯卡的若干研究汇编成册，出版了题为《布莱兹·帕斯卡》（*Blaise Pascal*）的研究成果集（Vrin出版社，1953年）。
[②] G.刘易斯，《布莱兹·帕斯卡》序言，Vrin出版社，1953年，第V页。
[③] 《哲学文集》（*Écrits philosophiques*）第二卷《理性主义的方向》（*L'orientation du rationalisme*），巴黎，P.U.F.出版社（法国大学出版社），1954年，第308页。
[④] G.刘易斯，《布莱兹·帕斯卡》序言，Vrin出版社，1953年，第VII页。

笛卡尔与帕斯卡：蒙田的阅读者
Descartes et Pascal : lecteurs de Montaigne

大部分笛卡尔的评论者都是职业哲学家，他们读蒙田的《随笔集》只是为了消遣；那些评论蒙田的人往往都是文人，他们对笛卡尔的科学随笔避而不谈。这就是为什么两部作品之间存在的关联与对立的关系没有得以充分地强调。①

布朗什维克对蒙田不确定的哲学身份的描述并非夸张。阿兰是当时为数不多的、认真对待蒙田的"职业哲学家"之一，他毫不犹豫地将蒙田与笛卡尔甚至柏拉图相提并论：

蒙田擅长怀疑，正如他自述的那样；但同时，他也努力去相信一切，这让人产生误解。理清他的思想几乎是不可能的；不过，毫无疑问，他有着众多想法；只是他的每一个想法，都不是最终的想法。他的最后一句话——或许是"一切皆虚空"——深藏在他的作品中……柏拉图采用了更多的艺术手段，以便能更好地说服读者或者巧妙地避开攻击。笛卡尔的做法恰恰相反，他会误导读者——其观点看似坚定无误实则有时候存在错误。②

---

① 《笛卡尔与帕斯卡：蒙田的阅读者》（法语原版），第140页。
② 阿兰，《思想与时代》（«Les idées et le sâges»），载于《激情与智慧》（*Les passions et la sagesse*），七星文集，伽利玛出版社，1960年，第275页。J.-L. 普瓦里耶（J.-L.Poirier）在《阿兰阅读蒙田》（«Alain lecteur de Montaigne»）一文中指出，阿兰将笛卡尔与蒙田联系在一起，但顺序颠倒了，即通过笛卡尔的角度来解读蒙田（《阿兰阅读哲学家：从柏拉图到马克思》（*Alain lecteur des philosophes de Platon à Marx*)，Bordas-Institut Alain 出版，1987年，第59页）。

阿兰一直以其独特的品位和文学敏感性而闻名。这是他与曾为巴黎高师同窗的布朗什维克之间对立的原因之一。然而，他在蒙田作品中的探索正是布朗什维克后续在《笛卡尔与帕斯卡：蒙田的阅读者》一书中论述的内容：怀疑的重要性，用阿兰的话说就是在确定性的框架内部产生的"欺骗"或"逃避"。布朗什维克对此的研究与探索是更为后期的事。他曾经无疑是那些对蒙田"心不在焉"的职业哲学家之一——尽管拉维尔（Lavelle）从20世纪30年代起就强调了布朗什维克与蒙田思想上存在共鸣。

在许多方面，他和蒙田相似，并对蒙田抱有极大的好感。他和蒙田一样是一位爱阅读的人，喜欢通过阅读古往今来的书籍来激发和维持他所偏爱的感受，其中还充斥着多种矛盾的心理活动。[①]

尽管两人之间存在相似之处，我们在这本书中还是能发现一些与蒙田相关的影射，而非直接引用，这些暗示往往与笛卡尔、帕斯卡或斯宾诺莎有关，但有时也存在歧义：在1927年的一篇题为《我们是斯宾诺莎主义者吗？》的文章中，布朗什维克

---

① 路易·拉维尔（Louis Lavelle），《两次大战之间的法国哲学》（*La philosophie française entre les deux guerres*），Aubier出版社，1942年，第182页。

笛卡尔与帕斯卡：蒙田的阅读者
Descartes et Pascal : lecteurs de Montaigne

思考着蒙田是否代表了瓦雷里笔下的纳西索斯（Narcissus）——一个看似"脱离了所有精神内涵"[1]而"折返回自身的存在"。实际上，在同一个时期，他还在《西方哲学中意识的进步》[2]（Le progrès de la conscience dans la philosophie occidentale）中对蒙田进行了特别详尽的研究，甚至在第一章引用了蒙田的话作为开头。书中有整整一章都是关于蒙田的，题为《蒙田的历史时刻》，凸显了其重要性。布朗什维克对蒙田作品的认同显而易见，但对其表现出的兴趣并非没有细微差别。当我们将这一研究与《笛卡尔与帕斯卡：蒙田的阅读者》的长篇章节进行比较时，就会清楚地看到这一点。布朗什维克在《笛卡尔与帕斯卡：蒙田的阅读者》一书中，较少强调笛卡尔主义是受到蒙田思想的启发，而坚持认为笛卡尔超越了蒙田：

> 笛卡尔，也仅有笛卡尔，将蒙田的理想——且仅存在于理想中的——带有智慧光辉的人文主义重新带回人间，从那以后，占据了整个西方。[3]

---

[1] 《我们是斯宾诺莎主义者吗?》，载《哲学文集》第一卷，《西方的人文主义：笛卡尔—斯宾诺莎—康德》（L'humanisme de l'Occident, Descartes-Spinoza-Kant），P. U. F.（法国大学出版社），1951年，第159页。

[2] 《西方哲学中意识的进步》（Le progrès de la conscience dans la philosophie occidentale），全两卷，Alcan出版社，1927年。

[3] 《西方哲学中意识的进步》第一卷，Alcan出版社，第141页。加着重号文字是作者希望强调的部分。

以上想法表明,《蒙田的历史时刻》成为一个故事的结尾,而非另一个故事的开端。《西方哲学中意识的进步》将蒙田描绘为一个抽象的真理形象,一个缺乏实效的理想形象,注定要被笛卡尔式的真理和确定性超越和抛弃。布朗什维克对蒙田的细致研究没有充分地写入书中,最终被笛卡尔和帕斯卡的重要性与影响力取代。正因如此,在对蒙田的论述中,《西方哲学中意识的进步》没有《笛卡尔与帕斯卡:蒙田的阅读者》那样具有完整性和力度。在作者最后一部作品中,蒙田是以"他自身"[1]的身份出现,而不仅仅是作为与笛卡尔和帕斯卡相关联的次要角色或者背景人物。布朗什维克思想中这种新的,甚至是独特的兴趣表明了一种转向,一种深刻的改变。

科学哲学

在《笛卡尔与帕斯卡:蒙田的阅读者》一书中,蒙田的地位举足轻重,当我们研究布朗什维克在《数学哲学的各个阶段》《人类经验与物理的因果关系》和《西方哲学中意识的进步》等重要论著中提出的思想要旨时,就会清楚地看到这一点。布朗什维克出版了力作《智力时代》[2],希望通过此书来阐释科学思

---

[1] 《笛卡尔与帕斯卡:蒙田的阅读者》(法语原版),第47页。
[2] 布朗什维克,《智力时代》(*Les âges de l'intelligence*),Alcan出版社,1934年。

想的发展。他对科学的兴趣早在高等教育时期就已显现出来，因为他同时获得了文理双学士学位。这一选择具有战略意义。19世纪末，拉舍利耶（Lachelier）[论文《归纳法的基础》(«fondement de l'induction»)，1871年]，还有他的学生布特鲁（Boutroux）等哲学家开始艰难地意识到，科学发展与哲学思考之间出现了脱节。他们试图通过反思哲学在科学发展中的地位来做出回应[1]。紧随其后，在20世纪初走向成熟的一代，即布朗什维克的一代，以自己的方式继续尝试着让两者重新结合起来。这也是1893年创办的《形而上学与道德评论》的目标之一。在往后三十多年间，法国哲学界逐步形成了一个全面的方案，旨在通过深入的思考来应对和适应"科学"的迅速发展和显著成就。布朗什维克对科学的思考构成了这一深刻变革的一部分，自19世纪末以来，这一变革对法国哲学产生了决定性的影响。他采纳了这一集体性方案，并将其系统化，赋予其独创性和个人特色。这也解释了为什么笛卡尔主义者——无论其忠诚度如何——对他的思想都极为重视。在他看来，笛卡尔主义是关于现代性的哲学，是一种发现并掌握了自身的科学哲学。他的所有思考将哲学的任务定义为：对"科学"的发展进行阐释，并

---

[1] 关于拉舍利耶及其论文的作用与意义，参见我们在《归纳法的基础》中尝试做出的阐释，Pocket出版社，Agora系列，巴黎，1993年。

前言

致力于"紧密把握科学发展中的精确性、微妙性与复杂性"[1]。当时的哲学界对他的努力持有部分保留意见，因为它有可能引发人们质疑哲学思想的独特性。事实上，布朗什维克毫不犹豫地断言："如果所有学者都能完美地理解自己的工作和成果，那么，哲学就会在他们身上，并通过他们得以完善……"[2] 这种说法实际上重新定义了哲学家的角色，将其降至相对次要的位置，仅作为"科学知识的阐释者，而这些科学知识才被视为真理的圣殿"[3]。阿隆在《回忆录》中指出了这种态度的后果：

> ……他对康德主义的解释倾向于将哲学还原为一种认识论……在这个意义上，不存在形而上学；科学没有留给哲学除自身之外的任何独立研究对象……哲学无法提供一种超越科学、逃避科学的关于现实的知识。[4]

这种双重发言人的角色无疑有其独特性和创新性：他逆向挑战了科学家在长期工作中形成的习惯和错误观点。布朗什维

---

[1] 《理性主义的方向》（«L'orientation du rationalisme»），载《形而上学与道德评论》，1920年7月，后收录于《哲学文集》第二卷《理性主义的方向》，巴黎，P.U.F.（法国大学出版社），1954年，第78页。
[2] 《理性主义的方向》，巴黎，P.U.F.（法国大学出版社），1954年，第76页。
[3] 《真理的艰难劳作》（«Le dur labeur de la vérité»），收录于《哲学文集》第三卷《科学与宗教》，巴黎，P.U.F.（法国大学出版社），1958年，第7页。
[4] 雷蒙·阿隆，《五十年的政治思考》（«50 ans de réflexions politiques»），收录于《回忆录》，Julliard出版社，1993年（再版，Pocket出版社），第39页。

克认为，哲学的作用是启迪科学之慧智。因此，我们并不否认哲学的特殊性。但它的自主性却受到了一定的影响。早在法国哲学通过海德格尔重新发现这一主题之前，布朗什维克就凭借其资源和兴趣，提出了形而上学的终结这一命题。

同时，这种关于科学与哲学之间关系的观点受限于其时代背景。首先，这一观点受到科学发展本身的限制。布朗什维克将自身研究的问题与所处时代科学工作中突出的问题相联系，这使得他的思考面临被科学发展超越的风险，且这种情况的确发生了。尽管他记录并评论了20世纪物理学领域的伟大发现——相对论，但他的认知基本上停留在19世纪。在这一领域，德布罗意（de Broglie）认为他"过于低估了当代理论的惊人成果"[1]。然而，对布朗什维克来说，最严重的反对意见并不在于他引用的资料失去了时效性，而在于他的计划本身。他的思想是对科学发展导致的哲学结果做出的评论，而不是对科学本身进行独立分析。因此，他的思想更像是基于科学的哲学背景下做出的评论，是一种"理性价值准则"[2]，而不是一种真正的认识论，后者致力于分析科学的科学性。布朗什维克在科学的严

---

[1] 路易·德布罗意，《形而上学与道德评论》，1920年7月，后收录于《哲学文集》第二卷《理性主义的方向》，巴黎，P.U.F.（法国大学出版社），1954年，第76页。
[2] 巴什拉，《布朗什维克的科学哲学》（«La philosophie des sciences de Brunschvicg»），载《形而上学与道德评论》第五十五卷，1945年，第78页。

谨性中寻找的，除了巴什拉（Bachelard）所称赞的"对认识论的决定性贡献"之外，还有形而上学无法提供的真理："世界究竟是如何形成的，人类应该如何在精神上定位自己。"①在他看来，理解科学正好能够回答这两个基本问题。布朗什维克是一位康德主义者（他经常被归为"新康德主义者"：这是一种模糊的但实用的归类）。他知道形而上学的领域不是经验的领域。因此，他追求的不直接是研究科学本身，而是找到绝对真理的理性替代品。科学只是人类意识发展的手段：

……对自然的确切认识为人类提供了发现自我的方式。只有通过对宇宙真理的认知才能实现对自我的认识。②

巴什拉从20世纪30年代起就提出了真正的认识论纲领：思考科学构建过程本身的真理，而不再是单纯追寻世界的真理。布朗什维克的根本兴趣在别处：他探索的不是认识论，而是对理性的追求，一种人类理性通过科学向自身的皈依。但无论这种兴趣多么雄心勃勃，它都受限于布朗什维克曾经谨慎回避的一个初始问题，即理性本身的价值问题。探索蒙田思想的漫长之旅正是为了回到这一初始问题。

---

① 《理性主义的方向》，巴黎，P.U.F.（法国大学出版社），1954年，第76页。
② 《论认识自我》（De la connaissance de soi），Alcan出版社，1931年，第70页。

现代性的源泉

布朗什维克的哲学纲领可以用几页纸来概括，起初几乎没有给蒙田留下什么位置。事实上，蒙田的思想与布朗什维克相去甚远。布朗什维克在1927年的研究中对此有所论述：

在蒙田看来，哥白尼革命无疑是进步的对立面；托勒密体系的权威基于超过千年的传统，蒙田认为，文艺复兴对这一传统提出的质疑，只是为怀疑主义的论辩增加了一个新的论据。[1]

哥白尼的论点指导了伽利略的研究，为现代物理学的定义铺平了道路，并影响了笛卡尔，最终引发了一场危机——伽利略被罗马教会判处终身监禁是这场危机的标志性事件，然而，蒙田面对哥白尼论点的态度与布朗什维克眼中的理性意识发展史完全相反。蒙田不仅承认自己对当时的科学进步"一无所知"[2]，更糟糕的是，他否认这些进步的意义，指责它们是无稽之谈：

---

[1] 《西方哲学史中意识的进步》第一卷，Alcan出版社，1927年，第140页。
[2] 《笛卡尔与帕斯卡：蒙田的阅读者》（法语原版），第148页。

前言

在蒙田的时代，思想革命预示了下一个世纪真正和最终的精神价值复兴。蒙田对这些革命的兴趣仅限于它们如何支持他的不可知论立场。①

在布朗什维克描述的科学理性革命及其带来的确信之处，也就是他称之为"真正的、最终的文艺复兴"，蒙田却在恒星运动的相对观点前找到了新的怀疑理由。蒙田承认自己对哥白尼获得的确定性完全无动于衷，或者更确切地说，他只关注到其中消极的一面（即不可知论）。

三千年来，天空和星辰一直在移动：世人皆深信不疑，直到萨摩斯的克利安特斯——或依照忒俄弗拉斯特的说法，是叙拉古的尼刻塔斯——突发奇想，声称真正运动的是地球，它沿黄道的斜轨环绕其轴线进行转动；而在我们这个时代，哥白尼则将此学说奠定得如此扎实，以致他能够在所有天文学推论中加以严格运用。那么我们又该从中得出什么结论呢？无非是这两种观点究竟哪一个是真的，对此我们大可不必介怀。谁又知道，在一千年之后，会不会出现第三种观点，将这两种理论一并推翻？②

---

① 《笛卡尔与帕斯卡：蒙田的阅读者》（法语原版），第148页。
② 《随笔集》第二卷第十二章《为雷蒙·塞邦辩护》，布朗什维克在本书第一章引用了这段话。

笛卡尔与帕斯卡：蒙田的阅读者
Descartes et Pascal : lecteurs de Montaigne

引文中，"确立/创立（fondé）"这个词值得注意。蒙田并没有质疑哥白尼理论的连贯性和有效性。只是在他眼里，对理性基础的追求只是（人类）在无知中徘徊往复，这样的探寻并非终极真理的标志。科学研究远不能提供任何确定性，无论其依据多么充分，都只是提供了一次重新受质疑的机会。对于布朗什维克来说"数学哲学的各个阶段"至关重要，而蒙田表现出了极大的漠不关心。笛卡尔和帕斯卡通过科学实现了思想的自由，并视数学经验为至关重要和基础性的——这正是布朗什维克所称的"数学哲学"，但蒙田似乎否定了科学的价值。这就解释了在布朗什维克《西方哲学中意识的进步》中对蒙田所持的、充满保留的同情态度。他对笛卡尔主义的重视，似乎与将蒙田视为"纯粹意识的道德家"[1]而非"自我确定性思考者"的反思形成了直接对立。

在《笛卡尔与帕斯卡：蒙田的阅读者》中，布朗什维克采用了一种新的原则来阅读蒙田。他克服了对立，发现了一种独特的关联。这就是他为自己设定的目标：明确"（……）两部作品（笛卡尔和蒙田的作品）之间似乎存在的统一与对立关

---

[1] 《西方哲学史中意识的进步》第一卷，Alcan出版社，1927年，第131页。

系"①。更进一步，他展现了笛卡尔和帕斯卡是如何理解蒙田的思想，同时，自己也接受了蒙田的教益。这清楚地表明，撰写《笛卡尔与帕斯卡：蒙田的阅读者》一书的布朗什维克，已不同于人们熟知的那个撰写了大量科学论文的布朗什维克；事实上，他通过新的视角重新审视人类理性史，在这一主题上他笔耕不辍，那本《西方哲学中意识的进步》可能是其中最全面的著作。布朗什维克将怀疑主义置于法国思想"三重起源"②的核心，探讨了迄今为止他一直回避的课题：理性否定自身、攻击自身的模糊边界在哪里。而这种自我否定的攻击，也就是阿兰所说的"欺骗"，在蒙田那里表现得非常明显：他的《随笔集》就像是一部"反哲学作品"③总汇。这一转变意义重大。布朗什维克发现的是否定性在哲学中的地位。这是一个相当重要的发现，因为几乎没有哪位哲学家会像布朗什维克那样，一直在挑战那些哲学本身认为对其发展至关重要的否定。布朗什维克一直在实践他所谓的帕斯卡的"实证主义"④，在他笔下，"实证主义"一般是指理性的、肯定性的哲学，并且很少去探究和质疑否定、拒绝、不确定性，或如阿兰所说的错误的价值。这种"实证主义"也解释了布朗什维克明显排斥黑格尔和亚里士多德的原因。黑格尔本质上是一位带有否定性思维的哲学家。亚里士多德的

---

① 《笛卡尔与帕斯卡：蒙田的阅读者》（法语原版），第140页。
② 同上，第188页。
③ 同上，第113页。
④ 同上，第149页。

笛卡尔与帕斯卡：蒙田的阅读者
Descartes et Pascal : lecteurs de Montaigne

逻辑使我们有可能在其真理之外思考肯定的一致性。布朗什维克从未停止过质疑亚里士多德的这一逻辑，包括在《笛卡尔与帕斯卡：蒙田的阅读者》一书中也是如此。他认为，理性的作用是能够给出真实且明确的肯定，就像科学的确定性那样。他在斯宾诺莎主义中找到了这一理性模式的典型体现，斯宾诺莎的哲学强调肯定、真理，并在真理的绝对性中超越否定，其最终结论是：

存在意味着具体的现实和整体的统一，对存在进行定义是显而易见和绝对必要的，存在暗示着它自己本身，因为理性不允许走任何中间道路：要么存在，要么不存在。[1]

反过来说，《笛卡尔与帕斯卡：蒙田的阅读者》中没有论及斯宾诺莎，这也是一种暗示。"实证主义"的含义发生了变化：当"理性主义"的缺点暴露出来时，换句话说，当"理性的无能"[2]暴露出来时，帕斯卡的"实证主义"应运而生。毫无疑问，《笛卡尔与帕斯卡：蒙田的阅读者》最终的教益并不在于对理性进行这样的控诉。布朗什维克认为，笛卡尔的"流动性"的确蕴含着真理。与笛卡尔一样，我们必须接受蒙田的一切，

---

[1] 《斯宾诺莎〈伦理学〉序言》，收录于《哲学文集》第一卷《西方的人文主义：笛卡尔—斯宾诺莎—康德》（*L'humanisme de l'Occident, Descartes-Spinoza-Kant*），P.U.F.（法国大学出版社），1951年，第165页。

[2] 《笛卡尔与帕斯卡：蒙田的阅读者》（法语原版），第149页。

才能给出他"在每一点上"[①]都是错误的答案。因此，参照点发生了变化：现代关于确定性的历史——即科学史，笛卡尔和帕斯卡都曾在其中占有重要地位——实际上是以彻底的质疑作为开篇，这是一场"精确且有根据"[②]的"理性批判"。这就是布朗什维克所做的探索的意义（指上文的发现：否定性在哲学中的地位），这一发现促使他将蒙田置于《笛卡尔与帕斯卡：蒙田的阅读者》一书的开头，而整个故事的结论显示，直到当代，它依然持续并不断得以丰富。

意识与进步

布朗什维克的哲学是对理性危机的思考，《笛卡尔与帕斯卡：蒙田的阅读者》一书中，他重新审视了他的哲学中最为坚实的支柱之一："进步"这一概念。在他看来，理性并非既定。它是时间的长河中，通过努力征服得到的成果（几乎可以说是一种启示），代表着"智力时代"的成熟。理性与理性史相辅相成。这一观点在他的论文题目中暴露无疑：《数学哲学的各个阶段》《西方哲学中意识的进步》《智力时代》。进步、阶段、时代……每一个词语都在描述知识和理性的进步，进而描述人类

[①] 《笛卡尔与帕斯卡：蒙田的阅读者》（法语原版），第114页。
[②] 同上，第71页。

意识的进步。埃及与巴比伦时期是知识发展的前奏，真正的开端是古希腊时期，也就是数学的发明以及柏拉图哲学中对数学进行反思的时刻。布朗什维克通过这一段历史来追寻理性的发展史：

思想的功能是解决问题，它在数字和图形科学的帮助下得以实现，并逐步地在纷繁复杂的现象中发现其中数学关系的普遍秩序。从某种意义上说，这一概念本身就是柏拉图主义……但需要经历二十个世纪的思考，这一概念才得以纯粹地呈现出来……[1]

柏拉图发现，世界是由可被数学计算的关系构成的，而理性思维的命运就是发现这些关系。因此，柏拉图的观点打开了科学世界的大门。不幸的是，亚里士多德主义的成功掩盖了这一初步的理性和科学直觉。亚里士多德用逻辑和语法取代了数学，最终用修辞学取代了科学思考。"柏拉图的科学直观主义不得不让位于语法直观主义。"[2] 在《笛卡尔与帕斯卡：蒙田的阅读者》中，当布朗什维克重新审视蒙田对经院哲学的批判时，我们可以找到类似这样的对亚里士多德并不公平的评价。在布

---

[1] 《数学哲学的各个阶段》，Alcan 出版社，巴黎，1922 年，第 70 页。
[2] 同上。

朗什维克看来，对柏拉图的这种抹杀造成了"两千年来没有任何成果。当然不是对科学本身而言，而是对构成数学哲学的思想而言"[①]；简言之，两千年以来，人类意识谈不上任何进步。

……在基督教出现之前的几个世纪——当时人们还无法预见后世的倒退，也就是来自亚洲宗教的信仰在欧洲持续了多个世纪：从亚历山大征服欧洲到文艺复兴末期——柏拉图就已经确定了纯粹理性的苦行（以超越自身），这正是哲学家的特征！……[②]

请注意历史的里程碑：在文艺复兴末期，我们回到了柏拉图式的直觉上。蒙田道出了亚里士多德方法的不足，或者说仅存的不足。多亏了笛卡尔，由此引发的危机通过笛卡尔重新回到了自柏拉图以来几乎被遗忘的科学理想。

自希腊文明时代以来就开启了关于数学与逻辑优先权的辩论：毕达哥拉斯和柏拉图学派主张的数学原则，以及亚里士多德学派建立的逻辑原则之争。这场持续了多个世纪的争论即将尘埃落定。[③]

[①] 《笛卡尔与帕斯卡：蒙田的阅读者》（法语原版），第99页。
[②] 《论真与伪的转换》（*De la vraie et la fausse conversion*），P.U.F.（法国大学出版社），1950年，第4页。《论真与伪的转换》是布朗什维克于1930年至1932年间在《形而上学与道德评论》上发表的一系列文章，1950年以单行本形式出版。
[③] 《笛卡尔与帕斯卡：蒙田的阅读者》（法语原版），第119页。

笛卡尔与帕斯卡：蒙田的阅读者
Descartes et Pascal : lecteurs de Montaigne

布朗什维克认为这场尘埃落定的争论正是现代性的真正意义所在：以科学的形式重新发现和探索柏拉图时代仅是直觉的数学理性。

笛卡尔的数学方法论实现了柏拉图曾经无功而返的理想。①

从此，现代性开始了，即"秩序和尺度的统治"②，布朗什维克在《西方哲学中意识的进步》一书中毫不犹豫地称之为"历史上最重要的事件""数学物理学"③时代的来临。在这里，《笛卡尔与帕斯卡：蒙田的阅读者》与布朗什维克的整体思想不谋而合。然而，"蒙田的历史时刻"被重新定位。1927年被视为分水岭，自此之后，蒙田代表着理性幻觉史的终结，这部幻觉史本质上代表着近代之前的时代。

现代文明的开端（或者是与之相对的古代文明之间的界限）由历史本身标记；它在文艺复兴时期之后，因为超越文艺复兴需要发现一种（新的）方法，在其中，理性意识到自身的征服

---

① 《西方哲学中意识的进步》，Alcan 出版社，1927年，第142页。
② 《笛卡尔与帕斯卡：蒙田的阅读者》（法语原版），第120页。
③ 同①，第149页。

性和积极性。①

1941年，蒙田被视作这条理性之路的开端，他开启了这场冒险，笛卡尔成为其中的第一位主角。当然，文艺复兴时期的尝试以失败告终。笛卡尔也经历了这场失败。然而，布朗什维克强调哲学思想中的内在联系，试图超越表面的分歧，寻找更深层的共识。这些分歧表现在各个哲学家不同的选择上，而他们的思想最终在共同的命运中重新汇聚，其中包括帕斯卡。布朗什维克在《西方哲学中意识的进步》一书中所说的"蒙田的历史时刻"从此开启了这段共同的历史，提出现代性一直重复的问题。因此，不要再把"蒙田的形象局限于传统固有的框架中了"②。

作者在《笛卡尔与帕斯卡：蒙田的阅读者》中引入了布朗什维克思想中的危机感，以及对理性的质疑，这在他早期的作品中是没有的。支配布朗什维克思想的那些重要隐喻，即"智力时代"或"数学哲学的各个阶段"，组成了一部同质的、清晰的人类思想史。我们可以或早或晚地进入某个思想阶段，就像一个人可以或快或慢地从童年时期进入青春期，又从青春期进

---

① 《西方哲学中意识的进步》第一卷，Alcan出版社，1927年，第141页。
② 《笛卡尔与帕斯卡：蒙田的阅读者》（法语原版），第111页。

笛卡尔与帕斯卡：蒙田的阅读者
Descartes et Pascal : lecteurs de Montaigne

入成熟期。但每一次，只涉及唯一的那个人，独一无二的，只是他自己，又或者是指一条明确的路径。布朗什维克偏爱的这些比喻阐释了历史的统一性：人类精神的历史是一条连续的、同质的曲线。理性，尤其是科学理性，是单一且意义明确的。这里谈论的不是各科的科学，而是通过统一的历史发展起来的科学。毋庸置疑，"智力时代"也会遭遇自身的危机，就像是青春期危机。例如，亚里士多德的危机持续了一千五百年。但并不存在真正的断裂。理性的历史通过反思，或者更确切地说，也正如布朗什维克喜欢说的那样，通过皈依科学而被统一起来。这显然不同于孔德所说的实证主义。布朗什维克拒绝认为思维的演变是预设好的系统，也就是我们预设思想会在其中不停地得以进化。理性的进步是开放式的，并超越了所有试图将其束缚的系统，包括那些自称为"科学"的体系[1]。理性的未来是自由的，正如它之前展示的那样。例如，这种自由在帕斯卡和笛卡尔在科学方面的"对立"中得到体现，这在《笛卡尔与帕斯卡：蒙田的阅读者》中有关帕斯卡的章节的开头得以明确强调。笛卡尔和帕斯卡之间"科学态度的反差与对比"[2]正是布朗什维克眼中理性历史的象征。如果这一历史是明确无误的，且有助于厘清统一的理性，那么多样的途径和选择是必要的。布朗什维克对关于"进步"的思考并不简单，在《笛卡尔与帕斯卡：

---

[1] 《论认识自我》的前言部分清晰地表达了这个观点。
[2] 《笛卡尔与帕斯卡：蒙田的阅读者》（法语原版），第144页。

前 言

蒙田的阅读者》一书中，我们可以了解到他分析了不同思想在"变化"和"回归"之间的对话。这也是科学思想与现实经验之间的决定性对话。然而，直到《笛卡尔和帕斯卡：蒙田的阅读者》，对理性及其发展的信心都没有动摇过——无论其多么复杂和微妙。理性可能面临严重的威胁：在《论认识自我》(*De la connaissance de soi*) 一书的前言中，布朗什维克表达了他对极端主义兴起的担忧[1]。但这种威胁是理性之外的。真正的历史，即精神的历史，可能被另一种历史——"生活的历史"掩盖，但不会消失不见，布朗什维克在《论真与伪的转换》(*De la vraie et la fausse conversion*) 的第一页里将生活的历史称为"戏剧"。在分析20世纪前三十年时，他毫不犹豫地将第一次世界大战（"戏剧的高潮"）与建立在新基础上的量子物理学科学的进步相提并论。对他而言，现代性的意义不在于这场战争（因为无论之后如何反思也都徒劳无果），而在于科学的进步。对此，尼赞（Nizan）在1932年写下的一本犀利小册子中，将布朗什维克的哲学斥为"一种无视人类苦难的哲学"；而阿隆（Aron）则在《回忆录》中指出，这是一种"对历史理解仍不完整"的思想。他更温和地认为，这种将"价值"与"事实"截然分离的方式类似于韦伯的做法。《笛卡尔与帕斯卡：蒙田的阅读者》是对尼赞批评的回应，同时或许也是在反驳阿隆相对平和的观点。

---

[1] 《论认识自我》，是布朗什维克于1929—1930年在索邦大学讲授的课程汇总。

笛卡尔与帕斯卡：蒙田的阅读者
Descartes et Pascal : lecteurs de Montaigne

现代性的意义

布朗什维克明确地将怀疑论者蒙田置于这段历史的源头——这是他眼中最纯粹的历史，即两段非常伟大的科学哲学所赋予的历史，这使他重新评估了思想中相对性的重要性和作用。《笛卡尔与帕斯卡：蒙田的阅读者》一书中，布朗什维克面临挑战，因为他检验的，正是在整个职业生涯中不断阐明的历史的意义。因此，他在重新审视现代性问题时，虽然未加以明确强调，甚至未必完全意识到，却在无意中重新评估了这一问题。他自发地将现代性视作进步和理性确定性的历史。但在《笛卡尔与帕斯卡：蒙田的阅读者》中却发生了变化。无疑，笛卡尔已在蒙田怀疑主义的汹涌河流中"发现并跨越了"[1]这一障碍。

在蒙田对人类理性提出的挑战中，（笛卡尔）已获得胜利。[2]

不过，仍有一个"但是"：

但必须指出的是，笛卡尔必须通过怀疑主义，才能成功地

---

[1] 《笛卡尔与帕斯卡：蒙田的阅读者》（法语原版），第121页。
[2] 同上，第132页。

前言

迎接挑战。①

现代性找到了另一个起点。它从蒙田对一切事物给出的不确定性开始。而笛卡尔和帕斯卡对蒙田的解读，超越了长期以来大众所认为的蒙田对17世纪的单一影响，这一点布朗什维克早前已然洞悉。他接受了现代性重心的某种变化，进而推翻了自己先前对现代性的看法。这个重心不再是科学的真理，而是怀疑主义的焦虑。从此，现代性变为理性的确定性，在蒙田绝对相对主义的考验中不断地进行消耗和更新。因此，现代性的起点不再是笛卡尔的《谈谈方法》，而是蒙田的《随笔集》。在布朗什维克思想的核心部分，发现了笛卡尔重新恢复理性证据之前所经历的不确定性的颤动。

从这个意义上说，笛卡尔将《随笔集》中的怀疑论和悲观主义合法化，通过《随笔集》，历史在某种程度上对自身做出了公正的评价，为人类精神提供了通向永恒的途径。蒙田不可知论式的反讽是为笛卡尔通向智慧所做的最佳准备。②

此外，贯穿笛卡尔主义的怀疑思想，即使深刻也只是暂时

---

① 《笛卡尔与帕斯卡：蒙田的阅读者》（法语原版），第132页。
② 同上，第135页。

笛卡尔与帕斯卡：蒙田的阅读者
Descartes et Pascal : lecteurs de Montaigne

的。帕斯卡则更加仔细地聆听了蒙田的教诲，接受并质疑笛卡尔的思想，从而丰富了自己的思想。"帕斯卡将重写蒙田所写过的东西"[1]，因为他和蒙田一样，甚至比笛卡尔更深刻地感受到"理性无法满足它为自己设定的理想"[2]。帕斯卡对蒙田的改写无疑赋予了"无知"深刻的、全新的意义。蒙田从中吸取了无知的教训，而帕斯卡则将其作为无限追寻隐匿的上帝的起点。但是，虽说结论因人而异，但他俩所学所获的却是同样的教训。

从思想的戏剧到悲剧的上演

那么，布朗什维克自己的结论又是什么呢？第一次世界大战并未使他对理性进步的信念产生动摇，尽管他对这种信念有所保留（感觉微妙），但也没有把人类生活的两个层面，即战争的阵痛和理性的发展结合起来。历史的观点本质上是"不带戏剧变化的统一"——正如布朗什维克后续在阿隆关于意识形态与辩证法对立的论文答辩时提到的那样[3]。第二次世界大战的经历似乎影响了布朗什维克，他在这个问题上的判断发生了变化。我们在一篇时间上与《笛卡尔与帕斯卡：蒙田的阅读者》非常

---

[1] 《笛卡尔与帕斯卡：蒙田的阅读者》（法语原版），第150页。
[2] 同上，第148页。
[3] 雷蒙·阿隆，《50年的政治思考》（«50 ans de réflexions politiques»），收录于《回忆录》（*Mémoires*），Julliard出版社，1993年（再版，Pocket出版社），第524页。

接近的文章［《被找回的记事本》(*Agenda retrouvé*), 1942年[①]]中发现了这一变化的迹象：

> 20世纪的悲剧场景：顶峰升得越高，底座沉得越深，一切可能因此而颠覆……[②]

思想和生活的两个层面仍未结合，顶峰和底座也未融合，但最终倾覆的威胁已日渐明显。这一"悲剧"已经上演，别无选择。

> 1892年，观众可以自由地选择自己想看的剧目；而在1942年，唉！[③]

我们可以将这一悲剧与我们已经提到的《笛卡尔与帕斯卡：蒙田的阅读者》中使用的表达——"法国思想起源"[④]的戏剧——相比较。在现代性的起点时刻，意识的进步突然变得戏剧化了。但这种戏剧并不仅仅是思想的戏剧。它与蒙田时代的"险恶"

[①] 本书由午夜出版社（Éditions de Minuit）出版，1948年。这本日记写于1892年，布朗什维克在其中记录了每日的思考，专门写给他的朋友哈爱理（ÉlieHalévy）。五十年后，他重新翻阅这本日记，并与自己年轻时的思想进行对话。
[②] 《被找回的记事本》(*Agenda retrouvé*)，午夜出版社（Éditions de Minuit），1948年，日记日期：1942年8月20日。
[③] 同②，日记日期：1942年9月4日。
[④] 《笛卡尔与帕斯卡：蒙田的阅读者》（法语原版），第142页。

笛卡尔与帕斯卡：蒙田的阅读者
Descartes et Pascal : lecteurs de Montaigne

经验相吻合。思想的戏剧性首次在宗教战争这一悲剧时代上演，蒙田正是这场战争的见证人。但在很长一段时间里，这篇不幸的史诗对布朗什维克来说仍然是抽象的。

宗教战争是人类几乎会本能地回避的事件，以免完全失去对人性的信任。[1]

然而，20世纪的人类并没有回避这一悲剧。蒙田时代的恐怖在第二次世界大战中再次上演。说到底，《笛卡尔与帕斯卡：蒙田的阅读者》正是这种悲剧重复的标志：在战争造成的撕裂之痛里，戏剧从思想世界滑向了人类的经验世界。正因如此，我们不要被布朗什维克看似学术性的冷漠外表所迷惑。《笛卡尔与帕斯卡：蒙田的阅读者》寥寥几句的评论，无论多么简短，都强调了该书蕴含的个人智慧，标记了那个动荡年代与布朗什维克宁静沉思之间的反差。毫无疑问，这种阐释并没有错，因为布朗什维克在《笛卡尔与帕斯卡：蒙田的阅读者》一书中引用了蒙田的"闲散中的自律"，并像蒙田或笛卡尔一样，抽离出这个苦难世界之外，持续他的思考。但是，这部作品除智者的宁静之外，也反映出那个撕裂的时代，如果我们没有体会到这一点，也就错失了作品的意义。这一时代背景立刻让人联想到

---

[1] 《西方哲学中意识的进步》，Alcan出版社，1927年，第118页。

前 言

写给保罗·德雅尔丹（Paul Desjardin）儿子[①]的献词——他们为法国战死，其前言毫无掩饰地表明了布朗什维克的想法：蒙田曾经感叹过"（那个）时代的不幸"，恰恰回应了"今日法国所遭受的苦难"。正是在战败的法国，布朗什维克写下了《笛卡尔与帕斯卡：蒙田的阅读者》。与"蒙田的时代"一样，布朗什维克的时代也是"一个'病态'的时代，在这样的时代，谎言成篇，残暴滋生，还有'懦弱'是其根源"。[②]可以想象，布朗什维克在写这部著作的时候，会联想到法国被"占领"的事件。世界大战留下的印记与蒙田经历的动荡不相上下，这也促使他写道：

现在，让我们把目光投向世界各地；我们周围的一切都在崩溃；在我们所知道的所有大国，无论是基督教国家还是其他国家，看看它们：你会发现它们正受到变革和毁灭的明显威胁。[③]

比起退隐和回归自我，布朗什维克发现时代的悲剧加深了与蒙田之间的亲近感。这种情景与写作《随笔集》时的悲伤场景类似，后者标志着"西方进入衰落"[④]期。布朗什维克在法国战败和被占领期间看到了这种衰败颓废。他提出了相似的问题：

[①] "真理联盟"（Union pour la vérité）和"庞蒂尼十年"（décades de Pontigny）的创始人，这些活动在战争前会聚了当时的知识分子。
[②] 《笛卡尔与帕斯卡：蒙田的阅读者》（法语原版），第62页。
[③] 《随笔集》第三卷第九章，同时《笛卡尔与帕斯卡：蒙田的阅读者》也引用了这段话。
[④] 《笛卡尔与帕斯卡：蒙田的阅读者》（法语原版），第114页。

笛卡尔与帕斯卡：蒙田的阅读者
Descartes et Pascal : lecteurs de Montaigne

他能否像笛卡尔一样，穿越险恶的黑夜，找到他评价笛卡尔所说的"渡口"（le gué）？

对布朗什维克来说，找到这个渡口将会更加困难，因为可能需要为他在"孤独中进行冥思"设置一个背景，而不是将1940年法国战败作为思考的背景。如果我们将1940—1941年视为本书的写作时期，我们必须记住，这是首部反犹太人法律实施的时期[1]。虽然布朗什维克可能不是被大学解雇的"老兵"[2]，因为他已于1940年6月退休[3]，但他还是受到了维希政府政策的影响。正如美国出版商罗伯特·滕杰尔（Robert Tenger）所说的：《笛卡尔与帕斯卡：蒙田的阅读者》之所以在瑞士出版，是因为"敌人强加的法律迫使他在法国以外的地方出版"[4]。这显然是在代指维希的反犹太法律，而这些法律与德国的占领有关，这在当时也是常有的事。这些事件提供了不同的视角，阐明了布朗什维克将自己所处的时代与蒙田所处的时代进行比较的做

---

[1] 该法令于1940年10月3日颁布，将犹太人排除在国家教育体系之外，并规定这一措施自1940年12月起生效。

[2] 克劳德·辛格（Claude Singer）在《维希、大学与犹太人：记忆的沉默》（*Vichy, l'université et les juifs*, *les silences de la mémoire*，巴黎，Les Belles Lettres出版社，1992年）中提出了这一观点。参见阿德里安·魏尔-布朗什维克（Adrienne Weill-Brunschvicg）为《被找回的记事本》所写的序言，午夜出版社，1948年，第12页。

[3] 这些细节摘自朱莉叶·奥布伦（Juliette Aubrun）1992年在巴黎高等政治学院（IEP de Paris）提交的DEA学位论文，论文研究对象为布朗什维克的妻子——塞西尔·卡恩（Cécile Kahn），本篇论文由勒内·雷蒙（René Rémond）指导。

[4] 罗伯特·滕格杰尔，《笛卡尔与帕斯卡：蒙田的阅读者》，美国版（布伦塔诺书店，纽约，1944年），第9页。

前言

法。布朗什维克很快指出①，事实上，蒙田所处的时代不仅是战争的时代，首先是内战，具体地说是宗教战争。然而，维希政权的反犹主义不加区分地将种族主义和宗教混为一谈。一则逸事有助于澄清这一背景，也有助于理解布朗什维克在占领时期可能怀有的感受。布隆代尔（Blondel）在1945年出版的《形而上学与道德评论》中专门报道了这一逸事：

我只见过他（即布朗什维克）一次表现得不耐烦，并发出了强烈抗议的声音，当时一位对话者向他谈到了他的教友，似乎是为了分担犹太人所遭受的迫害给他带来的痛苦，并认为他会因为种族和宗教方面的特定原因而感动。然而，当"教友"这个词刚说出口，布朗什维克就举起了他的右手，就像筑起一道屏障（……）："我得打断您：这不是关于宗教，而是关于人性和爱国主义……我是法国人，我不需要成为别的什么人。"②

这个回答显示了犹太教在布朗什维克心目中的地位：它当然是一个重要的特征，但肯定不是一种归属，更不是一种效忠。阿隆后来的证词也证明了这一点：他指出，在他之前的那一代

---

① 《笛卡尔与帕斯卡：蒙田的阅读者》（法语原版），第61页。
② 布隆代尔（Maurice Blondel），《布朗什维克的思想与友谊》，载《形而上学与道德评论》第五十五卷，1945年，第13页。

笛卡尔与帕斯卡：蒙田的阅读者
Descartes et Pascal : lecteurs de Montaigne

人，尤其是布朗什维克，"拒绝承认自己的犹太身份"[①]。但是，布隆代尔在1945年讲述的轶事很可能针对的是纳粹迫害，特别是将这一问题定位为当时存在的反犹主义问题。这段轶事是从宗教归属的角度来进行诠释的。这就是为什么我们必须从《被找回的记事本》中所称的"非人的恐怖"[②]的角度，来解读布朗什维克论述宗教，特别是宗教战争的片段。宗教战争的恐怖在20世纪卷土重来。《笛卡尔与帕斯卡：蒙田的阅读者》一书中，迫害，甚至灭绝就在眼前。

为生存而写作

《笛卡尔与帕斯卡：蒙田的阅读者》不仅仅是一位远离时代苦难、处于孤立无援环境中的智者的沉思[③]。这样的沉思有可能徒劳无功：

> ……当我们像今天这样不得不承受整个世界的重压时，自我反省可能会耗尽自身力量，且对我们毫无帮助。[④]

[①] 雷蒙·阿隆，《50年的政治思考》（*50 ans de réflexions politiques*），收录于《回忆录》（*Mémoires*），Julliard出版社，1993年（再版，Pocket出版社），第500页。
[②] 《被找回的记事本》（*Agenda retrouvé*），午夜出版社（Éditions de Minuit），1948年，日记日期：1942年6月3日。
[③] 这句话是相对的，因为尽管面临危险，布朗什维克始终觉得自己处于"优越的条件"中，正如他在《被找回的记事本》的前言中引用的他写给让·瓦尔（Jean Walh）的一封信中所言。
[④] 《被找回的记事本》，午夜出版社，1948年，日记日期：1942年8月10日。

前 言

布朗什维克探讨的不仅仅是"法国思想的起源",而是更为根本的质疑,即对人类本身的质疑,而布朗什维克的问题正是他的思想是否能够经受住这样的质疑和挑战。笛卡尔跨越了怀疑主义的渡口。但是,当我们看到"两个国家,拿千万双眼睛相互觊觎、千万件武器互相毁灭"的时候,当战争"到处传播,且没有任何解释和安慰……"[1]的时候,蒙田的怀疑主义不正是这个时代的真理吗?整本书都在深入探讨这个问题。同样,这也是人类对即将来临并愈演愈烈的野蛮行为的抗议,是对纳粹占领的险恶未来和未来的"恶名"的直接抗议。此处,布朗什维克与蒙田之间的相互认同再次发挥作用:与蒙田一样,"他对行动者、幸存者、见证人发出了抗议"[2]。根据《被找回的记事本》所写,维希政客将"祖国(patrie)"一词"用复数表示"[3]。因此,我们可以这样理解:布朗什维克坚持认为这是一本关于法国思想的书。至少在一定程度上,《笛卡尔与帕斯卡:蒙田的阅读者》是这位流亡者对反犹主义的反抗。该书应被视为一部法国思想史,其作者在维希政府眼中不再是真正的法国

---

[1] 《被找回的记事本》,午夜出版社,1948年,日记日期:1942年2月9日、1942年2月16日。
[2] 《笛卡尔与帕斯卡:蒙田的阅读者》(法语原版),第95页。
[3] "古人因使用'上帝'一词的复数形式而受到指责。但神学家们使用'真理'一词的复数形式,学者对'人文'一词做了同样的处理,如同数学家们对'统一'一词和哲学家们对'哲学'一词的处理方式一样(1892年)。政治家们则对'祖国'一词做了同样的处理(1942年)。"《被找回的记事本》,午夜出版社,1948年,日记日期:1942年2月2日。

笛卡尔与帕斯卡：蒙田的阅读者
Descartes et Pascal : lecteurs de Montaigne

人，而是一位犹太人。但最重要的是，我们必须让他的声音在非人的残酷时代响起，也许这个声音在私密圈子之外几乎听不到，就像蒙田撰写的《随笔集》：这本书仅供个人使用，其目的在于进行"实践改革"①。

尽管如此，《笛卡尔与帕斯卡：蒙田的阅读者》中的告诫并不是绝望或仇恨。布朗什维克在评论蒙田《随笔集》时指出："人类的情感不会止步于边界"：

（……）我把所有人都看作我的同胞，把波兰人看作法国人，把民族间的联系置于普遍的人类情感之下。②

这一评论的谦逊与勇气相得益彰，因为不要忘了这些词句是在遭受迫害时写下的。与蒙田一样，布朗什维克也致力于超越族群情感，无论是民族情感还是宗教情感③。这就是书中结论的意义所在，布朗什维克坚持将法国思想置于其三重起源的发展中，同时也探求更广泛的影响。在作者对近代思想发展历程的研究中，在历史的教训中，这种普世的爱国主义自发地将"法国"与"人类"结合在一起，它以自己的方式回应民族主义

---

① 《笛卡尔与帕斯卡：蒙田的阅读者》（法语原版），第52页。
② 出自蒙田《随笔集》第三卷，《笛卡尔与帕斯卡：蒙田的阅读者》引用了此话，第85页。
③ 值得注意的是，这一分析的背景正是关于宗教问题。

前 言

及其迫害。

《笛卡尔与帕斯卡：蒙田的阅读者》则是布伦希维克或许曾轻率分开的两个层面的相遇：知识层面与人类生活层面。两者不是在和解的宁静中相遇，而是在痛苦和恐怖中交汇。生命的悲剧、不幸、非人的暴行带来了深深的忧虑，布朗什维克一直关注着16世纪以来人类历史的发展进程。这种新哲学，或者斯多葛式的智慧，在《被找回的记事本》中得到了呼应，布朗什维克在其中记下了他以前只有在极其困难的情况下才会做出的反思：

我们的痛苦不仅与我们的知识成正比，而且与我们的人性成正比。①

知识之苦，人性之苦：这让《笛卡尔与帕斯卡：蒙田的阅读者》成为独树一帜的遗产。知识之苦其实是一种疑虑，在《笛卡尔与帕斯卡：蒙田的阅读者》一书中，作者强调重要性，并指出笛卡尔明显地克服了这一问题。蒙田和帕斯卡以各自的方式思考着人类的苦难。但布朗什维克无疑是通过蒙田这位"不可知论者"，在这双重苦难中承担了沉重的责任。

---

① 《被找回的记事本》，午夜出版社，1948年，日记日期：1942年8月1日。

出版社告知书（1945年）

三年前，在法国我们受到屈辱、陷入最低谷的时候，在这本书首次出版发行的时候，我们并没有想到莱昂·布朗什维克——这位对自己的国家从未失去希望的人——竟未能见证到他所期待的"突然而彻底的复兴"。我们没有想到——但也许他已经预感到了——在"过去几个世纪最诚实的人"的陪伴下，这些"孤独的沉思"为一部里程碑式的作品画上句号，并在某种意义上成为丰富思想的见证。

《笛卡尔与帕斯卡：蒙田的阅读者》！莱昂·布朗什维克是笛卡尔和帕斯卡狂热而不倦的读者，也是一个急于回应他们、急于继续对话的读者！他比任何其他人都更敏感地注意到事情在本质上的连续性以及剧烈分歧里隐藏着的一致性，这两者构成了人类意识在其存在和进步中的坚实部分。莱昂·布朗什维克在经历了一系列穿越历史的重要旅程之后——无论是在《数学哲学的各个阶段》（1912年），还是在《西方哲学中意识的进步》①中——又回到了出发时的源头:法国思想,尤其是因为他还曾编辑过帕斯卡的著作。

即使阐释者敏锐的洞察力为我们重现了帕斯卡的思想而非他的存在——假设我们真的可以在不损害两者的情况下将这二者真正地分开——但事实依然是,在布朗什维克那里,思想本身就是存在,纯粹的思想等同于真实而纯粹的哲学。

P.T.

---

① 《西方哲学中意识的进步》全两卷,Alcan出版社,1927年。

谨以此书缅怀保罗·德雅尔丹（Paul Desjardins）
以及他为法国英勇牺牲的两个儿子：
米歇尔（1918年7月18日）
布莱兹（1940年6月8日）

序

每当我们重读蒙田的《随笔集》时，我们倾向于通过那个时代的不幸——在我们记忆中应该是法国历史上最阴暗的时期——来解释其文字中深刻的苦涩，这种苦涩隐藏在一种漠不关心的假象之下。当今法国所遭受的事件自然让我们在蒙田的陪伴中寻找避难所和友谊。

对《随笔集》进行持续的研究，我们孤独的沉思一直延续着，我们看到，彻底复苏的景象中，突然出现了强烈的希望和信心。命运赐予了蒙田最勤奋、最热情的读者：勒内·笛卡尔（René DESCARTES）和布莱士·帕斯卡（Blaise PASCAL），这正是本书作者所期望的。他们两人都将蒙田纳入自己的思想体系中，迫不及待地回应蒙田提出的种种问题，从而保护自己的信念准则免受蒙田无情的批评。在我们看来，对他们的回应——既截然不同，又相互依存——进行平行研究，为阐明中世纪末

笛卡尔与帕斯卡：蒙田的阅读者
Descartes et Pascal : lecteurs de Montaigne

期开始法国思想所关注的话题以及确定法国思想的基本特征提供了一个重要的机会。

我们认为，在这部并不标榜博学的著作中，用现代法语拼写法引用蒙田的文本更为方便。在参考文献方面，我们按照皮埃尔·维莱（Pierre Villey）的版本（Alcan，1922—1923年，三卷本，与《随笔集》各卷相对应）来标注《随笔集》各卷和不同章节。其中第二卷第十二章［《为雷蒙·塞邦辩护》（«Apologie de Raymond Sebond»）］，标题的法文缩写为 *Apol.*，在此中文译本中简称《辩护》。笛卡尔相关引用则采用了"七星诗社"系列中的《笛卡尔作品及书信》这一版本（Bibliothèque de la Pléiade, *Œuvres et Lettres de Descartes*），由 M. André Bridoux 于1937年编辑出版。最后，关于帕斯卡作品的引用，页码的标注来自《思想录》（*Pensées et Opuscules*），出自 la collection classique de la librairie Hachette 版本。当引文来自《思想录》手稿时，引用前会标明引用段落的抄本（A 为原稿，B 为 Port-Royal 的副本），以及 Hachette 版本中的片段编号[1]。除此之外，不止一处，我们还采用了 Z. Tourneur 先生提出的更正建议。（莱昂·布朗什维克注）

---

[1] 本书中引用帕斯卡《思想录》的标注解释，例如："A360, fr.72, 357"意味着：A360（原始手稿A中第360页），若有B，则为Port-Royal的副本；fr.72（fragment 72：Hachette版本中根据主题逻辑所作的编号），357（Hachette版本印刷页码）。——译者注

蒙田

在探讨笛卡尔与帕斯卡如何看待蒙田之前，我们首先需要看看蒙田是如何看待他自己的。看似简单，但蒙田是否真的完成了这项工作？在《随笔集》开篇的《致读者》中，他写道："我所描绘的是我自己。"终其一生，蒙田都在追求这一"描绘自我"的计划——然而他本人也是第一个指出这个计划"荒谬而怪异"（《随笔集》II，VIII，75）[1] 的人。帕斯卡甚至更进一步，称之为"一项愚蠢的自我描绘的计划"（A206，fr.62，343）[2]。但我们可以说，这个计划倒也不是真的愚蠢，而是艰难，甚至是不可能完成的。作为全世界最具原创性的著作之一，《随笔集》的独特之处也正在于此：从大约1572年动笔直到1592年去世，蒙田始终笔耕不辍。他写道："没有哪种描写比自我描写更难；当然，也没有哪种描写比它更无用。"（《随笔集》II，VI，65）

---

[1] 本书保留原文对蒙田作品的引用格式，"《随笔集》II，VIII，75"中第一个罗马字母代表上述引文出自Alcan版（Pierre Villey编，1922—1923年）《随笔集》的第几卷，第二个罗马数字代表卷中的第几章，最后一个阿拉伯数字代表出自多少页。——译者注

[2] 本书保留原文对帕斯卡作品的引用格式，引用的版本来自Hachette（1909年），"A206，fr.62，343"中，A代表原稿，206代表原稿中的页数，fr.62中的fr.是法语fragment的缩写，意思"片段"，所以代表第62个片段，最后的343代表此段引言在Hachette版本中的页数。——译者注

笛卡尔与帕斯卡：蒙田的阅读者
Descartes et Pascal : lecteurs de Montaigne

亚里士多德曾将能为自己治病的医生视为完美因果关系的典范。这一比喻极为清晰：医生了解自己努力的目标，即恢复健康，并掌握所有治疗手段，应用于自身。但是，当蒙田宣布"其目的是把自己作为书写的对象"（《随笔集》II，XVIII，450）时，自我为我提供的材料就不仅是出发点，还必须是终点。只有当绘画与对象之间完全吻合时，画作才是准确的。现在，假设这种一致性确实存在，但那一刻之后，这样的准确性也无法保证；并且，我们又凭什么断言这一刻真实存在？因为"时间是流动的事物，似影随形，物质永远在流动……至于'当下、瞬间、现在'这些词，它们本应帮助我们理解时间的智慧，而理性一旦识别它们，就立即将它们拆解；因为这些词不连贯地将理性分解成未来和过去，仿佛想看到它被一分为二那样"（《为雷蒙·塞邦辩护》[①]，370）。测量者和被测量的对象，灵魂和宇宙，同样被卷入一条通向虚无的赛道，无法停止，也无法回头："世界不过是一个永恒摇摆的秋千……我无法把握住我的对象……我描绘的不是存在，而是过程，不是一个时代到另一个时代，或者像人们说的七年又七年，而是日复一日、分分秒秒的变化。"（《随笔集》III，II，27）

[①] 文中《为雷蒙·塞邦辩护》（«Apologie de Raimond Sebond»）为蒙田《随笔集》第二卷中的一篇长文（第二卷第十二章），因其篇幅庞大、内容独立，在学术引用中常单独作为篇章引用，故本书原文中亦采用"《为雷蒙·塞邦辩护》（后文将简称为《辩护》）+页码"的标注方式，区别于其他章节所使用的"《随笔集》卷、章、页"三段式标注。——译者注

因此，当我们成为写作的主体时，有时也会在文字中否定自我："我融化了，逃离了自己……我手中保存着我二十五岁和三十五岁的画像，我将它们与现在的画像加以对照：多少次，那已不再是我！"（《随笔集》III，XIII，430—431）

更为严峻的是，当画家与模特合二为一时，该如何避免画家的专业视角影响模特的姿态？无论这种姿态是有意摆出的，还是下意识形成的，它都有可能打破那种我们先前合理地视作内在现实特征的、不可遏止的流动性。唯有在我们放弃对自身的分裂，不再改变自我之时，我们才真正成为"我们自己"。"我不断修饰自己，因为我不断地描写自己。"（《随笔集》II，VI，65）因此，期望反驳那些揭示我们生命本质的表述，并试图"通过迅速地捕捉，阻止其迅速地流逝"（《随笔集》III，XIII，445），终究只是徒劳。画家自身也卷入了模特的变动之中："如果我以不同的方式谈论自己，那是因为我以不同的方式看待自己。"（《随笔集》II，I，9）

因此，蒙田这项世俗性的写作尝试，从一开始就遇到了神秘主义者历代以来反复面对的问题：他们一再努力绕开反思意识的介入，试图以非梦境、非幻想的方式去描绘一种原初而纯粹的存在状态。

笛卡尔与帕斯卡：蒙田的阅读者
Descartes et Pascal : lecteurs de Montaigne

《随笔集》中的《论经验》在这方面很奇特。蒙田写道："当我睡觉时，我就睡觉。"（《随笔集》III，XIII，439）几页之后，他回忆说，他曾经试图在睡眠中保持清醒，并将其纳入自己的意识时间："为了不让睡眠如此愚蠢地从我身边溜走，我以前觉得让人打扰我的睡眠，以便我能在其中窥见它是有好处的。"（《随笔集》III，XIII，445）另外，我们知道，他曾小心地搜集并记录了坠马后昏厥的记忆，以及他"最初的感受……比起生命，更接近死亡"（《随笔集》II，VI，59）。他对那些"在灵魂边缘运作的机能"（《随笔集》II，VI，61）充满好奇，这促使他投身于"这项比看起来更为棘手的艰难事业：追随我们思想那样飘忽不定的步伐，深入探究其内在幽暗复杂的褶皱"（《随笔集》II，VI，65）。然而，他的洞察力也使他警觉，不致落入教条主义的诱惑，不至于将无意识设定为一种超越我们自然倾向的实体。"我们所处理的对象中存在一些秘密的、不可预见的部分，尤其是在人的本性中，有些沉默无声、未曾显露，甚至连拥有者本人也未曾知晓的状态，它们会在突如其来的情境中显现并被唤醒。"（《随笔集》III，II，39）因此，设想一种完美对称、使我们的意志无法做出决断的情形，不过是一种空洞的虚构。莱布尼茨后续也说过类似的话："无论是视觉还是触觉，总有某种'更多'在吸引我们，尽管几乎难以察觉。"（《随笔集》II，XIV，380）

因此，渴望认识自己的智者必须放弃自认为能真正认识自己的幻想。"在这个世界上，我从未见过比我自己更为明显的怪物和奇迹。"（《随笔集》III，XI，330）奇特而又不可避免的是，每一次意识的觉醒，都会使我们在自己眼中显得陌生而异样。这不仅是因为我们不断变化，更因为我们对自身的反思具有不同的深度与强度。

也许这并不值得高兴。至少，自赫拉克利特发出抱怨以来，人类就一直在思考这个问题。不可还原的当下，其独特性是否仅仅令我们困惑，使理性的计算失效，使经验的教训落空？还是说，它是否对应于一种创造的进步，这种进步建立在时间的连续性上，最终让我们得以通向永恒？柏格森思想的进程，从《论意识的直接材料》（*Essai sur les données immédiates de la conscience*）到《道德与宗教的两个源泉》（*Deux sources de la morale et de la religion*），都是由蒙田已经感知到的这一选择引发的。"我自诩能如此敏锐、如此具体地拥抱生活的种种便利，但当我如此细致地审视它们时，却几乎只发现一场虚空：风。而事实上，我们本就是风。而风，比我们更有智慧，它乐于喧响，乐于翻动，它满足于自身的运行，不去追求稳定、坚固这些本不属于它的品质。"（《随笔集》III，XIII，437）

因此，若人只能停留在那种直接而被动的"横向"层面上，

笛卡尔与帕斯卡：蒙田的阅读者
Descartes et Pascal : lecteurs de Montaigne

即他为自己所设想的那副模样，那么他是无法获得满足的。自我观察以达到自我发现，这是在反思自己，而反思活动证明了意识在某个维度上存在，而这个维度是无法简化为可直接观察到的那一面。蒙田固然说过"他人塑造人，而我描述人"（《随笔集》III，II，26），但他最初写作的目的并不只是为了向朋友和邻居展示自己的肖像画。对他而言，即使不是为了平息内心的风暴，至少也是为了平息内心的风波，当他退隐蒙田城堡里的图书馆时，惊讶地发现自己被这股波动裹挟："一个没有确立目标的灵魂将会迷失……我的心智……像脱缰的野马，为自己制造了比以前替他人处理的事务多上一百倍的烦扰；它一个接一个地生成荒诞而怪异的幻想，毫无次序、毫无章法。为了能够悠然观察这些荒谬与奇异，我开始将它们记下，希望有朝一日，它会因此而自感羞愧。"（《随笔集》I，VIII，37）在《学习哲学就是学会死亡》一章中，自我独白的意义变得更加清晰。"我并不忧郁，但我爱幻想。自始至终，我最常与自己谈论的话题，莫过于对死亡的想象——即便是在我年少轻狂、最为放纵的时节也是如此。"（《随笔集》I，XX，108）

《随笔集》的写作代表了一种在闲暇中的自我约束。强迫自己并投入写作，意味着在难以捉摸的时间的流逝中，将有可能随风而散的思想固化下来；持续的写作必然是某种秩序的基础。"我感受到这带来的意想不到的好处，那就是我对自己行为的公开描述，在某种程度上成了我的行为准则。"(《随笔集》Ⅲ，Ⅸ，263）作品对人产生影响，就像人对作品产生影响一样。其结果是形成了一种独特的融合："我创造了我的书，我的书也塑造了我，我的书与作者是一体的，它成为我生命的一部分，而不是像其他所有的书一样，服务于别的、外在的目的。"(《随笔集》Ⅱ，ⅩⅧ，452）

在蒙田的作品中，除了那个喜欢描绘内在光影变化的画家之外，还存在一位雕刻家，他执着于依照自己所窥见的理想对自身进行塑形，在心灵深处完成一场再生的奇迹。古斯塔夫·朗松（Gustave Lanson）在他对《随笔集》的深入分析中写道："你会注意到，这些词语——秩序、规则、规范、调节——是多么频繁地出现在蒙田的作品里。蒙田不希望自己的生活随波逐流，受环境和情感的影响，这样的生活在变化和反复中缺乏连贯性。他希望让理性来引导自己的生活。"（第196页[①]）蒙田自己也提出了这样的格言："灵魂的价值不在于高贵，而是有序。"（《随笔集》Ⅲ，Ⅱ，33）

蒙田在心理上的探索没有完全成功，这正好对应了另一项完全不同的计划——"大师中的大师"苏格拉底（《随笔集》

[①] 关于蒙田的三篇论文，Vrin 出版社，1967年。——译者注

III，XIII，394）在诠释神谕"认识你自己"在道德禁欲层面的意义时，曾确定了这项计划的基础和方法。

《随笔集》之所以每一页都能引起读者的兴趣，且成为人类历史上的一个关键事件，正是因为其中持续往复的张力存在于两种"心灵修养"的路径之间（《随笔集》II，XVII，444）：一方面是好奇的思辨，表现为"慷慨而自由的忏悔"（《随笔集》III，IX，264），另一方面是实际改革的要求，这种要求无疑会诉诸自我反省，因为自我反省越真诚、越深刻，对行为的矫正和"内在健康"的恢复（《随笔集》III，XIII，398）就越有帮助。

从这个角度来理解蒙田所做的尝试，会遭到严重的反对。如果孜孜不倦地研究自己、从现实中认识自己的努力不能有丝毫懈怠，如果这种努力占据了我们的一生，那么我们就不再有时间来改正和重塑自己。事实上，蒙田在某个时刻写道："我的世界已经崩塌：我的形态已被变得空洞无物……总而言之，我现在要做的，是完成描述这个人，而不是重新创造另一个人。"（《随笔集》III，X，304—305）那么，若这整段人生积累的经验只是为了去追求一种尚未获得的智慧，其意义又何在？"餐后才端上芥末。我不需要这种对我无用的益处……若要在临终之时才学会为人，才懂得如何生活，那还不如永远不要。"（《随笔集》III，X，304）我们是否可能真正解决这个问题，而不必在蒙田之后继续重复《论儿童教育》中提出的质疑:"我们总是在生命将尽时,才被教导如何去生活?"(《随笔集》I,XXVI,210)

这也许是蒙田声称的,只对这项个人工作感兴趣的最终秘密:"大自然赋予了我们一种强大的能力,使我们能够独处,并经常要求我们这样做,以教导我们,把自己的一部分归于社会,而将最珍贵的部分保留给自己。"(《随笔集》II,XVIII,453)然而,即便他似乎从眼前的社会退居其外,这也绝不意味着他对未来的前景漠不关心。恰恰相反,我们甚至可以说他深受触动,以至于将其引入了自己的私人生活。这一点在某句看似随意的转折中,不经意地显露出来:"多少次,我因某些行为感到愤怒,而这些行为因文明和理性不允许我公开批评,我就在这里倾诉,但无意进行公共教化!"(《随笔集》II,XVIII,453)

因此,即便承认在他这本涂涂抹抹、记录生活种种尝试的随笔中,所谓"教化"确实"违背常理"(《随笔集》III,XIII,398),但这本书依然可能对后世有所裨益。

蒙田以自己的教育为例:"如果我有儿子,我会真诚地希望他们拥有与我一样的幸运。上帝赐予我的好父亲……在我还在襁褓之中时,便将我送往他自己的一座贫穷乡村,由那里的人抚养；我在那里度过了吃奶的年纪，甚至更久，还在那里被培养适应最卑微、最普通的生活方式。他的本意是……要让我与人民，与那群真正需要我们援手的人建立联系。"蒙田接着说："他的用心并未完全落空；我乐于亲近那些小人物，或许是因为这更具荣耀，或许是出于一种自然的怜悯——而这怜悯在我心中无比强烈。"（《随笔集》III，XIII，427—428）

然后，情况突然发生了变化。蒙田的父亲认为，如果我们不再能"达到古希腊和古罗马人的伟大灵魂和知识高度"（《随笔集》I，XXVI，222），那是因为我们没有从教育的最初阶段就沉浸在他们自然呼吸的氛围中。皮埃尔·埃基姆（Pierre Eyquem）设想的教育系统是（他的儿子在书中写道）："至于我，六岁多的时候，我听到的法语和佩里戈尔语还没有阿拉伯语多。在没有艺术，没有书本，没有语法或戒律，没有鞭子，也没有眼泪的情况下，我学会了拉丁语，就像我的老师所用的那样纯粹；因为我不可能混淆它或改变它。"[①]

然而，这种如此独特且卓有成效的双重教育，其益处几乎因蒙田父亲态度的转变而功亏一篑，使其偏离了最初的理想：

[①] 《随笔集》I，XXVI，223。参见《随笔集》第三卷第九章，第285页："我们被教导要关心死者。而我从小就与这些人一同成长；在了解自己家中事务之前，我早已熟悉了罗马的事迹。"

"这位绅士极度担心在这件他甚为在意的事情上出错,最终屈从于大众的舆论,这种意见总是追随那些走在前头的人,就像鹤群一样。他于是归顺于习俗……并在我六岁左右时,将我送往吉耶纳学院——当时盛名在外,是全法国最负盛名的学院。"(《随笔集》I,XXVI,225)

这是蒙田的第三段教育经历,虽未尽如人意,却也并非全然无益:正是这段经历,使他对"粗暴"的纪律以及"教条主义"的教化方式心生反感。"确实,在法国,我们仍能看到,小孩子是多么可爱"(《随笔集》I,XXVI,211);而学校则成为了"囚禁少年的真正牢笼"(《随笔集》I,XXVI,213),在身心两方面都让他们变得迟钝麻木。亚里士多德伪装成潘克拉斯,遮蔽了他们的智慧视野,把哲学变成了"皱眉头"和"烦人……"的机器。"正是巴罗科和巴拉利普顿,使他们的弟子如此邋遢、满身尘土,而不是哲学本身。"(《随笔集》I,XXVI,207)经院哲学只知道理性的讽刺形象,违背了教育的基本原则:"在博雅教育中,从让我们获得自由的艺术开始。"(《随笔集》I,XXVI,204)因此,不要让心灵在"辩证法的尖锐细节"中枯竭和迷失(《随笔集》I,XXVI,210);而是要让真正的美德来引导心灵的发展:"它热爱生活,热爱美丽、荣耀和健康。但它真正的本职工作,是懂得如何有节制地利用好这些美好的事物,并能够在失去它们的时候,表现得无所畏惧。"(《随笔集》I,

XXVI，209）

蒙田借助"灵魂的创造"——即"我们同时是父亲与母亲"（《随笔集》II，VIII，95）——来弥补没有男性后嗣的遗憾。他所关心的，是"培养一个绅士，而非一个语法学家或逻辑学家"（《随笔集》I，XXVI，217）。"要使他在理由的选择与筛选上变得敏锐，热爱论证的切中要害，从而也偏爱简洁。尤其要教导他：一旦发现真理——无论它是从对手之口说出，还是通过自己的反思得来，——就应立即放下武器，向真理屈服。因为他不会被安排上讲坛去背诵一套预设的辞令。他只为自己认可的主张而辩护，也不会投身那种以金钱出卖反省与悔悟自由的行当。"（《随笔集》I，XXVI，199）简言之，智慧的功能并不在于徒然铺展逻辑形式主义，而在于坚定地行使独立判断的能力——这正是《随笔集》的思辨结构与有效性所系的关键所在，也是笛卡尔与帕斯卡的作品明确与其相连的一点。

必须指出的是，法国绅士这一形象并不是随意和抽象地被描绘出来的。在《论儿童教育》一章之后，几乎紧接着就是《论友谊》，这章专门为了纪念艾蒂安·德·拉博埃西（Étienne de La Boétie）。蒙田是在波尔多议会里认识他的。他"善于交际"，熟知"人际交往的艺术"，他说这种艺术"就像优雅和美丽那样，是社会初次接触和亲密交往的桥梁"（《随笔集》I，

XIII，57）。但这并非全部："没有什么极端的东西会有相似之处。"（《随笔集》I，XXVIII，246）拉博埃西与蒙田之间那突如其来的相识所建立的关系，在某种意义上使友谊获得了一种升华："我们的灵魂……相互交融、彼此融合，如此彻底，以至于再也找不到将它们缝合在一起的那道接缝。"（《随笔集》I，XXVIII，242）

1563年，拉博埃西身患绝症。蒙田因此悲恸万分。"事实上，如果我将自己生命中的所有时光……与那四年间得以享受这位友人温柔陪伴的时光相比，其他一切不过是烟雾缭绕，是黑暗而沉闷的长夜……我早已习惯于无论何时何地都作为'第二'的存在，以至于如今我仿佛只剩下了一半。"（《随笔集》I，XXVIII，248—249）

多亏与拉博埃西相知相识，蒙田才真正体会到完整生命的存在感；而奇妙的是，他甚至认为，这种感受在友人缺席时，比在他身边时更加深刻——这正是他所谓"真正友谊"的标志之一。"我们在分离中更加充分地拥有并延展了生命：他为我而活、而享、而观，我也如此为他，就仿佛他始终在场……空间的分隔反而令我们的意志结合得更为充实。对肉体临在的这份难以满足的渴望，或许正揭示出灵魂之享受中的某种弱点。"（《随笔集》III，IX，259）

笛卡尔与帕斯卡：蒙田的阅读者
Descartes et Pascal : lecteurs de Montaigne

至少在精神层面，这种友谊理应超越死亡的界限。若非拉博埃西早逝，《随笔集》本可以采取书信体的形式进行写作（《随笔集》I，XI，324）；而从某种意义上说，这部作品仍是写给他的。它的目的，是重建一个拉博埃西认识并深爱的蒙田形象："唯有他真正拥有过我真实的面貌，并将其带走。正因如此，我才如此细致地破译我自身。"（《随笔集》III，IX，267，n.5）

蒙田从未忘记与拉博埃西的对话；从这个角度看，至少就"人类行动的主题"而言（《随笔集》III，XIII，402），《论自愿奴役》（*Discours de la Servitude volontaire*）显得异常珍贵。然而，蒙田谨慎地告诫他的读者，不要被这本完美共和主义者写的手册中总结的、几乎不可避免地带有暗示的结论误导。这只是他年轻时，甚至是"童年"时期的一次简单练习，并不能准确反映作者成年后的实际情感和真实行为。"从未有过比他更好的公民，也从未有过一个更关心国家安宁的人，更是他那个时代所有动荡与革新的敌人。他宁愿用自己的才智去扑灭那些动乱，也不愿为其再添一把火。"（《随笔集》I，XXVIII，251）

如果拒绝蒙田对拉博埃西的评价，那将是不公平的。拉博埃西在1562年《一月敕令》发布后写的《动乱备忘录》

(*Mémoire de nos troubles sur l'Édit de janvier* 1562）中清楚地表明，他无意让《论自愿奴役》被人"乱加利用"（《随笔集》I，XXVIII，250），即这一小册子并非为了支持与宗教改革并行的政治复兴。拉博埃西在临终前对蒙田弟弟托马斯·德·博雷加德（Thomas de Beauregard）的忠告被视为他的遗嘱，他劝托马斯放弃新教。"不要自立门户，要团结起来。"

尽管如此，《论自愿奴役》依然存在，核心论证——即对集体被动性心理机制的分析——仍然有力。正是这一主题，成为《随笔集》中即将展开的核心论题之一；其思辨力度与表达清晰度已堪称一部杰作。面对习俗的力量，人类的"懦弱无能"足以解释为何被征服者的后代会"心甘情愿地重复其祖先曾在压迫下所做的事"。

拉博埃西提写道，"暴君赠送一斗小麦、一两酒和一块钱币"；"当时，听到人们高呼国王万岁！真是令人怜悯"，对此，他感到愤怒。过去是对皮洛士或韦斯帕芗（Pyrrhus ou Vespasien），现今是对法国国王，他的愤怒更是与日俱增，这些国王"希望通过表现出虔诚来保护自己，如果可能的话，还希望借用神性的样板来维持他们的卑劣生活"。暴君不仅要求其周围的小暴君们"做他所说的事，还要求他们想他所想的。常常为了满足他，他们还要预先知道他的想法"。

拉博埃西追问道:"这就是幸福的生活吗?这还能称得上是生活吗?"没有什么比这更违背一个正常人类社会的秩序。"如果今天有一群全新的人诞生,他们既未受过奴役的教化,也未沉湎于自由;甚至对'奴役'与'自由'这两个概念全然陌生——若让他们在成为奴隶与按照他们认可的法律自由生活之间做出选择,那毫无疑问,他们宁愿仅仅服从理性,也绝不愿臣服于一个人。"和后来的斯宾诺莎与孟德斯鸠一样,拉博埃西拒绝将自然与理性置于对立面:"这毋庸置疑:如果我们按照自然赋予我们的权利去生活,遵循她教给我们的道理,我们就会自然而然地服从父母,臣服于理性,而绝不为任何人所奴役。"

这种"自然之法"绝非虚幻的乌托邦。希腊与罗马的历史清楚地表明,它深深扎根于现实之中。这种观念在那些"自身头脑聪慧,持续学习和接受教育的人身上依然存在。这些人在自由完全丧失,甚至不存在于这个世界的时候,也在头脑中想象自由、感受自由,甚至品尝自由,而不接受奴役——无论奴役的外表被装饰得多么美好"。那么,这样的人,除了《论自愿奴役》的作者和未来《随笔集》的作者,又会是谁?我们终于理解,为什么他们在初见时即能彼此识别?因为同样"珍视自身判断的自由"(《随笔集》II,XVII,445),他们绝不肯让这份自由屈从于专横、晦涩、混乱乃至残酷的法律之偶然性。"我们称之为正义的，不过是我们最早接触到的法律拼凑物，以及其经常荒谬乃至不义的运作与实践……那些对此加以讥讽与批判者[1]，并非意在贬损这项高贵的美德，而是仅仅谴责那种滥用与亵渎这神圣名义的行为。"（《随笔集》II，XXXVII，584）

正相反，"正义"一词包含两种相反的用法，需要注意区分，不要混淆：一种是本应给予被审判者的正义；另一种则是被执法者因私利而曲解、败坏的正义。正如蒙田所写："正义本身是自然的、普遍的，它的规范要比另一种特殊的、民族的、为我们政治所需所约束的正义更加高尚。（……）因此，那位智慧的丹达米斯听到苏格拉底、毕达哥拉斯、狄奥根尼的生平事迹时，固然承认他们在其他方面堪称伟人，但认为他们对法律的过度敬畏，使真正的美德在争取权威与支持时不得不牺牲其原初的力量。"（《随笔集》III，I，15）

---

[1] 《随笔集》让我们得以作为旁观者，进入波尔多高等法院两位法官的交谈中，当我们读到以下内容时："有什么事情比这更奇怪的呢？一个民族被迫遵循他们从未听懂过的法律，在所有家庭事务上——婚姻、赠与、遗嘱、买卖——都必须依赖一些他们无法了解的规则，这些规则既未以他们的语言书写，也未曾公布，为此，他们不得不花钱购买这些法律的解释和应用……有什么比这更野蛮的呢？一个国家，习以为常地，把审判的职务作为买卖，判决也需用现款支付，正义被合法地拒绝给予无力支付的人；而且这一职业竟有如此大的声望，以至于在政体中形成了一个第四等级——诉讼行业，附加在原有的教会、贵族和平民这三大等级之外。这个新等级掌握着法律、财产与生命的最高权力，却自成一体，不属于贵族阶层；因此，出现了两套并行的法则：一套是荣誉法，一套是司法法，而这两者在许多方面又是彼此矛盾的。"（《随笔集》I，XXIII，149）

笛卡尔与帕斯卡：蒙田的阅读者
Descartes et Pascal : lecteurs de Montaigne

这种在不同层面之间持续展开的对照，总伴随着对不同时代与地域的辨析，从而引发一种时空上的错位。蒙田深知，他的朋友"若能选择，更愿意出生在威尼斯，而非萨尔拉特，这种倾向是有理由的"（《随笔集》I，XXVII，250）。他拥有"一个带有古典烙印的灵魂"（《随笔集》II，XVII，445），他的精神"是按照有别于当下时代的范式塑造出来的"（《随笔集》I，XXVIII，251）。

由此可以理解和解释，皮埃尔·梅斯纳尔先生（M. Pierre Mesnard）在《十六世纪的政治哲学兴起》（*Essor de la Philosophie politique au XV Iesiècle*）（1936年，第405页）一书的精彩章节中指出，"思想与行动之间的明显对立"不仅是拉博蒂的问题，也是整个文艺复兴的问题。我们在蒙田那里也发现了这个问题："在我看来，（……）智者必须将自己的灵魂从世俗喧嚣中抽离出来，让它保持自由，能够自由地判断事物；但在外表上，他必须完全遵循既定的方式和形式。"（《随笔集》I，XXIII，151）然而，对于一个最不拘泥于惯例和正统观念的人来说——他在极端怀疑主义中仍坚持严格遵守存在的统一性和良心的完整性——这种行为上的顺从对他而言，又有什么意义和重要性呢？"皮浪（Pyrrhon）——从无知中建立起如此令人愉快的学问的人，像所有其他真正的哲学家一样，努力让自己的生活与其理念相呼应。"（《随笔集》II，XXIX，504）

在《随笔集》中，对这个问题进行了多方面的讨论，其特点和悖论在于相关的两个主题不断交织在一起：一方面是对"伟大"的颂扬——"伟大的战争领袖……伟大的哲学家"（《随笔集》III，XIII，437）；另一方面则是对"伟大"的放弃——不断反思其动因，或归咎于人类灵魂的先天弱点，或归因于那个"灾难深重"的世纪带来的苦难。

蒙田放弃了埃基姆（Eyquem）这个姓氏，原因是他的曾祖父在1478年买下的一栋房子，此后以这栋宅邸的名字为姓氏，这栋房子的主人最终获得了贵族身份。而"在法国，贵族的唯一真正形式和本质就是军事服务……我们的国家将勇气视为美德的最高级别，从姓氏可以看出，这一姓氏来源于'valeur'一词，意为'价值／勇气'……按照我们的习惯，当我们说一个人很有价值，或者按照我们宫廷和贵族的风格说某人是一个好人，这无非是指一个勇敢的人，类似于罗马人的表达方式。因为在他们那里，美德的通称本就源自'力量'（force）一词的词根"（《随笔集》II，VII，73）。

时间的链条似乎被重新连接起来。《随笔集》的作者在后世与普鲁塔克齐名，"普鲁塔克在各个方面都令人钦佩，尤其是在他评判人类行为时尤为出色"（《随笔集》II，XXXI，515）。他坐上那"法官的席位"(《随笔集》III，XIII，393)，传唤古代最杰出的英雄出场，饶有兴味地为他们的卓越品质排定座次——如今轮到他来评判亚历山大与恺撒这"两个以不同方式席卷世界的火焰或洪流"(《随笔集》II，XXVI，569)。而那最高位，蒙田则保留给了一个"构成更为丰富"的灵魂，即伊帕米农达斯(Épaminondas)："他将最粗暴、最激烈的人类行动与仁慈与人性结合起来——甚至是哲学之中最细腻的那种仁慈。"(《随笔集》III，I，23)

对战士的评判是对战争评判的前奏。我们一致认为战争是"人类最伟大、最壮丽的行为"(《为雷蒙·塞邦辩护》，193)。但问题仍未消失——我们是要以此来论证某种优越性，还是恰恰相反，将其视为我们愚蠢与缺陷的明证？对此，蒙田的回答毫不含糊："说到底，彼此毁灭与残杀，破坏自身的种族，这样的'技艺'，似乎并无太多值得那些没有它的动物所羡慕之处。"(《为雷蒙·塞邦辩护》，193)

蒙田并不受文艺复兴时期学者对古代伟大名字的幻想所欺骗。他不仅观察到"在当代，最具好战精神的民族，往往也是最粗鄙无知的。斯基泰人、帕提亚人、帖木儿正是其佐证"(《随笔集》I，XXV，184)，更是实实在在地被宗教改革在西欧带来的恐怖所困扰。

如果说"一场外部战争比内战要温和得多"(《随笔集》II，XXIII，476)，那么我们仍然必须认识到，古罗马只需忍受马略和西拉、庞培和恺撒之间的权力斗争。然而，基督教内部统一的破裂带来了更为严重的后果。"在内战中，你的仆人可能就是你害怕的一方。而当宗教作为借口时，即使是亲属关系也变得不可信，并以正义的名义进行掩饰（《随笔集》II，XV，388）。但怎么办呢？我们生活在一个连自己孩子的忠诚都无法确定的世界。"(《随笔集》III，IX，226) 对上帝的信仰承诺本应反击和根除人性中残留的丑恶，但它却强化了这些丑恶。源头已被毒化。"我们到了什么地步？我们的药已经被感染了。"(《随笔集》III，XII，347) 拉博埃西的愤怒再次出现："野心、贪婪、残忍和复仇本身的天然冲动还不够，让我们通过正义和虔诚的光辉称号来点燃和煽动它们。不能想象一个比这更糟糕的景象，即邪恶在合法化后、在行政长官的默许下披上美德的外衣。"（《随笔集》III，XII，349）

当军事风尚变为"所有纪律都退避三舍"(《随笔集》III，XII，346)，取而代之的是"一所名副其实的背叛、不人道与强盗行径的学校"(《随笔集》II，XVII，448)，它不仅掠夺百姓，甚至将他们"最后的一丝希望也夺走"(《随笔集》III，XII，350)，这一切，难道不是蒙田早已预见的那种不可逆转的"堕落"征兆吗？

恺撒的例子让我们可以了解这一"恶化"过程的各个阶段，正如蒙田在其作品《评论集》（Commentaires）扉页上所写：尽管恺撒是"自然界最伟大的奇迹之一"，但这并未阻止《随笔集》谴责"他想用虚假的色彩来掩盖他邪恶的事业和瘟疫般的可怕野心"（《随笔集》II，X，117）。然而，恺撒所处的时代现在看来却令人怀念，"他虽然早已背离古罗马那种单纯、天真的战争美德信仰；但在决策中，仍比我们更讲良知，不至于主张不择手段赢得胜利"。在与阿里奥维斯特的谈判中，敌方骑兵的鲁莽举动本可让他占尽上风："然而他并未趁机取胜，只因担心日后遭人指责他失信。"（《随笔集》II，XXXIV，551）蒙田的时代是一个"病态"的时代（《随笔集》III，IX，281），在其中，谎言成为一种制度，人们却忘记了——残酷的根源，往往正是"懦弱"（《随笔集》II，XXVII）。马基雅维利主义在法国找到信徒："他们不再描绘美德，而是直接描摹赤裸裸的不义与罪恶，并将其作为君王之道教授给王子。"（《随笔集》III，IX，281）仿佛我们这世上"生性败坏的灵魂还不够多，非要再去玷污那些本性善良而慷慨的心灵不可"（《随笔集》III，XII，347）。

随着新大陆的发现和开发，蒙田的视野变得更加广阔。他不禁幻想这样一个"时代错置"的幸福景象："倘若如此崇高的征服——如此多帝国与民族的深刻变迁——落入亚历山大或古希腊、古罗马人之手，那该多好！他们或许会温和地磨去其野性，扶植自然生长的善良种子，不仅在农耕与城市建设中引入必要的技艺，也将希腊与罗马的德性与当地的德性融合。倘若我们最初呈现于彼岸的行为能唤起这些民族对美德的景仰与效仿，在他们与我们之间建立起兄弟般的社会与理解，那将是对整个人类秩序的何等修复与改进！而从这些未经污染、渴求知识、天资出众的灵魂身上获得成效，本是轻而易举之事。"（《随笔集》III，IX，168）

如果欧洲确实铭记并践行了自己说过的原则，新大陆与欧洲的接触本可以获得多种好处。但实际情况却大相径庭。"相反，我们利用他们的无知和缺乏经验，让他们更容易屈从于背叛、欲望、贪婪以及各种非人道和残忍的行为，并效仿我们的习俗和模式。谁曾以如此代价从事商业与贸易？那么多的城市被夷为平地，那么多的国家遭到灭绝，那么多的人民被屠杀，世界上最富饶、最美丽的地方因为珍珠和胡椒的交易而遭到毁灭：这是机械的胜利。从未有任何野心，任何公共仇恨，将人类彼此推向如此骇人的敌意与如此悲惨的灾难。"（《随笔集》III，IX，168）

笛卡尔与帕斯卡：蒙田的阅读者
Descartes et Pascal : lecteurs de Montaigne

重读这一页，反思其中的重点，虽然作为插曲引入《随笔集》，但这并非偶然。如果社会的持续时间与个人的生活节奏相同，如果"一个世界"必"充满活力"，而另一个世界"日渐衰竭"（《随笔集》III，IX，166），那"年轻的世界"不得不承受我们晚年的腐朽，这岂不是悲哀吗？"我实在担心，我们将我们的污染过早地传染给了它，加速了它的衰退与崩溃；而我们也将我们的观念与技艺以极高的代价贩卖给了它。"战争——被假托为上帝审判的手段——实则是各种恶行之间相互勾结、将所有美德一一摧毁的过程。"至于虔诚、守法、善良、慷慨、忠诚与坦率，我们比他们少得多；正是凭借这些优点，他们灭亡了，出卖和背叛自己。"（《随笔集》III，IX，166）

皮埃尔·维莱（Pierre Villey）在其宝贵的研究中多次将蒙田与同时代人进行比较，他指出："在那个时代，唯有蒙田，或者几乎只有他，挺身而出，谴责那些人们尚未有意识的残酷行径。"[1]我们若要真正理解、判断蒙田在政治与社会问题上的立场与行为，就不应忽视这一点。

"在三十八岁时……（蒙田）早已厌倦了宫廷、议会和公共事务的桎梏，自觉身心仍健"，于是"悄然隐退，在睿智缪斯的

---

[1] 皮埃尔·维莱，《蒙田》，收录于《文学大师》丛书，第73页。

怀抱中寻找休憩与宁静"，他将"父亲留下的幽静庄园……献给自己的自由、安宁与闲暇"。他为获得"罗马市民证书"而感到欢欣（《随笔集》III，IV，289），但对于出任波尔多市长却是经过一再劝说才勉强答应。尽管他认真履行了法官们赋予的职责，并在第一任期届满后获得连任，他仍坚持："市长与蒙田始终是两人，分得一清二楚。"（《随笔集》III，X，306）这一态度也正符合他的普遍主张："我们应当生活在这个世界上，并按其现状加以利用。但一个皇帝的判断应超越其帝国，把帝国视为外在的偶然之物；而他自身应懂得独立地享有自我……我们不应把面具与表象误当为真实的本质，也不应将外在之物当作自己的归属。"（《随笔集》III，X，306）

这些崇高而超脱的智慧格言很容易被人误解为冷漠和自私。不过，在做出判断之前，我们不妨回想一下蒙田以独特的暗示性语言向我们提出的警告。"我通常会助长那些命运对我散布的不利臆测，因为我一贯有意回避为自己辩解、开脱和解释，我认为那是在把我的良知置于被迫辩护的位置……仿佛每个人都能像我自己一样清楚地看见我的内心，与其逃避指责，我倒更愿迎面而上，有时甚至通过带着讽刺和嘲弄意味的忏悔加以夸张，或者就干脆一言不发，视之为不值一答的琐事。"（《随笔集》III，XII，351）

笛卡尔与帕斯卡：蒙田的阅读者
Descartes et Pascal : lecteurs de Montaigne

我已经警告过您了。如果你指责蒙田对他人事务表现出一种刻意的冷漠，或指责他倾向于退回自身、专注于自我内在的沉思，他反而会欣然附和你的判断：如果我拒绝用"真实而本质的生命"去交换那种"虚幻而想象的生命"的幻影——那种仅仅寄存于"人类判断的虚荣"中的生活；如果我认为我们不应因此而"自愿堕入一场永恒的死亡"（《随笔集》II，XXVI，404），不应让我们的思想、情感与行为被他人评价的顾虑与对荣耀的渴望牵引——像那些"把神职延伸至肝肺与内脏，把职责贯彻至寝衣与私室"的人那样（《随笔集》III，X，306）——那正是因为"我太爱自己了"。[①]这样的坦白当然会让批评者大做文章；但更确切地说，这是一句带着讥讽意味的告白，我们需透过这层讥讽去理解蒙田的真实之意：他确实竭尽全力让自己远离"一个行动与梦想背道而驰的世界"，确实是因为"我太爱自己了"。然而，这个被爱的"我"，必须明确地理解为一个在道德结构层面上被建构起来的"我"，而不是感官层面的个体。

蒙田宣称，他"赞同这样的看法：最为光荣的职责莫过于服务公众，为大众谋利"（《随笔集》III，IX，225）。他本人的志趣是在君主身边担任一种"无名的职务"，即亲信顾问（正如

[①] 《随笔集》第三卷第七章，第176页。参见第三卷第十章，第295页："我的看法是，人应当适度把自己借给他人，却唯有把自己托付给自己。"

他晚年曾在亨利四世身边尝试过的那样)。然而，他特别强调了一点，而这正是他绝不会做出任何妥协之处：他必须拥有"神圣规劝的权利……我会向我的君主直言不讳地说出真相，如果他愿意的话，我也会对他的品行加以纠正。我有忠诚的心、独立的判断和自由精神来做到这点"(《随笔集》III，XIII，397)。然而，这一点再清楚不过：君王们既不愿，也无法容忍"阻力与反对"，尽管这正是他们最应当请求而非拒绝的恩赐。"设想一个人同时拥有无上的权力，你就已经将他毁灭了。"(《随笔集》III，VII，179)

在一个只需一把匕首就能让忠诚改变阵营的时代，我们看到"对我们至关重要的事情变得合法化"(《为雷蒙·塞邦辩护》，337)，强迫自己盲目地服从君主的命令，这无疑暴露了自己试图拯救的东西："每一个有荣誉感的人宁愿失去荣誉也不愿失去良心。"(《随笔集》II，XVI，407)这便是蒙田与他所处时代之间的对立。"愿上帝保佑我不要成为那些每天都被大家赞扬的'好人'。"(《随笔集》III，II，30)因此，为了保持其意图和行为的完整性，他设立了界限，禁止自己越过："人们与你的美德和良知对话；不要对这些进行伪装。"(《随笔集》III，X，317)以提高我们在世界上的地位为借口，我们将损害我们自己珍视的东西："公共利益要求我们背叛和撒谎，要求我们屠杀；让我们把这个任务交给更顺从和更灵活的人。"(《随笔集》

III，I，8）蒙田总结道："既然不是出于良心，那么是出于野心，让我们拒绝野心。"（《随笔集》III，X，322）

《论虚妄》一章中有一页特别鲜明地呈现了蒙田在时光中的奇异转变，他借此来回应一种高尚情感——那是他与拉博埃西之间不灭的友谊所唤起的崇高感受："我为庞培的辩护、为布鲁图斯的事业，曾争论上百次。我们之间的这种情谊至今未曾消散：即便是当下之事，我们也只是凭借想象来拥有罢了。发现自己对当下这个时代无所裨益，我便投身于另一个时代，并深深沉醉其中，以致这古老的罗马——自由、公正而又昌盛（我并不欣赏它的诞生与衰亡）——竟深深打动并激发了我。"（《随笔集》III，IX，286）尤其如此，那些所谓"美好的灵魂"——即那些"具有普遍性、开放性、愿意接受一切的灵魂，即便尚未受教，至少也是可教的"（《随笔集》II，XVII，436）——必然会在与哲人的亲密交往中找到真正的愉悦，这些哲人正是"这个世界最伟大的导师"（《随笔集》II，X，117）。与他们亲近，不必顾虑外在环境的变迁与命运的多变。判断力的本质正是自足自立，面向真理，而真理之道"唯一而简单"（《随笔集》II，I，14），不拒绝任何人，因为"每一个人都承载着人类境况的完整形态"（《随笔集》III，II，27）。

在蒙田和他为自己制定的法则之间，再也没有不可逾越的障碍:"我们的良知必须通过增强理性,而不是通过削弱欲望来进行修正。"(《随笔集》III,II,43)因此,蒙田对希腊和罗马的思想家进行了研究,但他对他们的钦佩之情并不能掩盖他们之间始终存在的分歧:"古人的著作,我说的是那些优秀的著作,充实而坚实,在任何时候都能吸引我、打动我;每次我翻开一本书,都觉得是最严谨的;但我最终发现它们各有各的道理,彼此相互矛盾。"(《辩护》,325)《为雷蒙·塞邦辩护》中充满了对这些矛盾的记述。

我们暂且略过那场"如此激烈而尖锐"的争论,即关于"人的至善"问题的斗争,瓦罗(Varron)计算出这场斗争竟衍生出多达288个学派(《辩护》,335)。让我们只聚焦于那个看似超然于利益与激情的思辨领域:古代那些曾一度获得信誉的自然观,例如"柏拉图的理念",或"伊壁鸠鲁的原子",又或"阿那克萨戈拉的相似部分",还有"恩培多克勒的争斗与友爱"以及"赫拉克利特的火"(《辩护》,283—284)。——面对"这美丽的人类理性,在其所涉及的一切事务中所制造出的意见与判断的无穷混乱",我们又如何能指望在其中认清自我、确立自身的位置?(《辩护》,284)诚然,三段论推理的建立,曾使其创造者寄望于借此主宰那一片使凡人迷失不已的混沌之域。"经院哲学的神是亚里士多德;他的教义被尊奉如同斯巴达的吕库古法令,不容置疑;他的学说对我们而言便是律法本身。"然而，亚里士多德的"权威"终究止步于学院的门槛。中世纪西方对他的崇拜，最终沦为嘲笑。蒙田写道，那被尊为"律法"的学说，其实"也未必比其他理论更正确"（《辩护》，283）。

这并不是一句俏皮话。蒙田对此深思熟虑。无人比他更有力、更鲜明地揭露出一切理性主义体系（不论是过去的、现在的，抑或是将来的）内在的空洞和不一致。那种想要借助"逻辑操作"来支撑物理学或形而上学教条的尝试，其"理性"不过是外表上的假象。实际上，它体现的是一种社会现象，正是在这种现象中，一个文明的衰落征兆昭然若揭："古人思想之自由与勇毅，使得哲学与人文学科中诞生出许多分歧鲜明的学派，每一个人都以独立判断、自由选择为荣……如今却不然——人们的思想如出一辙，我们对学术的接受是出于世俗权威与行政命令，学校也只奉一个'导师'、一个统一的体制"，于是，"我们不再关注货币自身的分量与价值，而是依照大众的认同与流通现状来决定接受它的原因"（《辩护》，310—311）。

然而，凭什么理由，集体信念的偏见便可篡夺那本应只属于真理的位置？倘若我们有勇气去独立地审视事物与观念本身，就会发现："只要基础得到承认（用现在的话讲，是被当作公理接受），那么要在此基础上建构出任何你想要的东西都极其容易：因为只要一开始的规则和设定被允许，后续所有的构件就可以顺理成章地搭建起来而不自相矛盾。正是沿着这条路径，我们的理性看似就有了根基，并可以顺畅地推演下去（毫无阻碍）；因为我们的老师事先在我们的信念中就占据了足够的地盘，以便他们可以按自己的意图推导出任何结论，犹如几何学家根据获准的假设那般；而我们给予他们的信任和认同，也就正好成为了他们牵引我们东奔西跑、随意操纵的力量来源。谁的前提被信任，谁就是我们的主宰、我们的上帝：他可以将自己的论证根基扩展得如此宽广、如此便利，以至于凭此便能将我们带向云端之上。"（《辩护》，284）

工作的分工与技能等级制度，正好成为那种永恒的"预设循环"的帮凶，从外部加固了其本质上的武断。"在科学的实践与协商中，我们竟把毕达哥拉斯的一句话当作真理：每个专家都应在其领域中被信任。于是，辩证家依赖语法学家来确定词义；修辞家则从辩证学中借用论证的范式；诗人向音乐家借取韵律节奏；几何学家采纳算术家的比例理论；而形而上学家则以物理学的猜测为根基。因为每一门科学都有其预设的原则，这些原则从四面八方束缚着人的判断力。一旦你试图触及这道设限的栅栏——而恰恰是这道栅栏隐藏着最大错误的根源——他们立刻会抛出那句老话：不能与否认基本原则的人进行争论。"（《辩护》，284）

归根结底,"行会式体系"的结构从外部支配了本应发自内心思考的判断行为。只有那些自愿接受"自我奴役制度"的人,才会抱怨自己被囚禁于辩证法的围墙之内。"凡是依赖预设而争论的人,若要使其主张成立,就必须同时假定对方也接受那个正在被质疑的前提。因为,一切人类预设和一切命题,在理性没有加以区分的情况下,其权威彼此等同。因此,它们全都应当置于天平之上衡量,尤其是那些通行的、普遍的,尤其是那些日常压迫我们的。"(《辩护》,285)

因此,教条式的话语不能强加于人。"确定性的印象是一种愚蠢和极端不确定的证明;最愚蠢的人和最不具哲学精神的人,莫过于柏拉图的爱智者。"(《辩护》,285)这些人有时被视为正统,有时被视为异端。"真正有学识的人就像麦穗一样,当它们是空的时,它们直立而骄傲;但当它们成熟、充满谷粒时,就会开始谦卑,低下头。"(《辩护》,230)蒙田还提出了一个意想不到的论点来为古代伟大的哲学家开脱:"我不太相信伊壁鸠鲁、柏拉图和毕达哥拉斯会把他们的原子、理念和数字当作真理。他们太聪明了,不会把自己的信仰建立在如此不确定和值得商榷的基础上。"(《辩护》,245)

无论如何,我们可以看出蒙田对理性的批判是准确而有根据的。这种批判本质上包含了两种意义,笛卡尔和帕斯卡也继承了这一点，这两种意义对应了心灵的两种不同态度：一方面，理性作为"辨别真理的能力"（《随笔集》II，XVII，443），承担着自由判断的功能；另一方面，理性则是对任何命题进行分析，并应用逻辑推理的规则。

经院哲学混淆了两者的角色。它声称能够将某些辩证推理的结论赋予绝对价值，然而这些结论不过是直接反映了预设的前提而已。仿佛一位律师，仅因其职业的要求便将理解力作为一种"灵活而飘忽不定的工具——就像忒拉墨涅斯的鞋，适合任何一只脚"（《随笔集》III，XI，337），却也因此有资格陈述法律，自封为"刚正不阿、毫无偏私的裁判者"（《随笔集》III，VII，178）。它假设，只要掌握了逻辑形式的抽象结构，就可以自然而然地了解事物本身。而事实上，这种转变从未真正发生，唯一穿越这段距离的，只是想象力那虚妄却自诩创造性的力量："人们很容易发现，那些大哲学家在书写因果关系时，并非只使用他们认为真实的原因，只要有些创新与美感，他们甚至也会引用自己并不相信的原因。"（《随笔集》III，VII，152）

归根结底，我们只有通过与自然的直接接触才能得到真正的教益。但是，这是否只是将困难转移开了？就像古人那样，仅仅依靠直接观察得来的经验，是否足以让我们掌握世界的秩序？

笛卡尔与帕斯卡：蒙田的阅读者
Descartes et Pascal : lecteurs de Montaigne

蒙田提到了他那个时代的医学实践："在医学方面，经验就像是在自己的肥堆上发酵，理性完全让位给了它。"（《随笔集》III，XIII，399）经验世代相传；必然进步的想法在弗朗西斯·培根和布莱士·帕斯卡那里得到了发展，这在《为雷蒙·塞邦辩护》中也有所提及："这个世纪不了解的东西，下一个世纪已经弄明白了。"（《辩护》，312）尽管他痛恨医生，因为他们害死了"一个比一切都更珍贵的朋友"（《随笔集》II，XXXVII，506），但他还是借用了医生的治疗手段，用于道德层面的思考："当医生无法清除脓肿时，他们会将脓肿转移到另一个危险性较低的部位。我发现这也是治疗心灵疾病最常用的方法。"（《随笔集》III，IV，64）我们知道帕斯卡对这一警示印象深刻。

但问题依然存在：第一次观察到的东西，是否能够预测第二次会发生的事情？如果能够做到这一点，才有资格承认医学是一种真正的知识。然而，对实际状况的分析打消了这一想法。蒙田比约翰·斯图亚特·密尔（John Stuart Mill）更加敏锐，他清楚地认识到，宇宙在任何地方都未曾以统一性的方式呈现于我们面前，而正是这种统一性是归纳法试图简化过程而需要在现实中获得某种支撑的前提。"我想象着人类环顾四周，看到的是无穷无尽的事物，植物、动物、金属。我不知道该从哪里开始……当一个人面临众多的疾病和复杂的情况，在抵达那个经

验趋于完善所需的确定性之前,他的理智早已在其中乱了方寸、失去了方向。"(《随笔集》II,XXXVII,606)

我们声称要从"一面模糊的、普遍的、无所不包的镜子"(《随笔集》III,XIII,412)这一范例中获得确定的秩序,从而忽视了发生在特定事件中的"始料不及的偶然性",这些偶然性像我们的每一种"情绪"和每一种"计划"一样,使事件具有不可类推的特性。在1580年版的《随笔集》中,结尾处写道:"世界上没有两种观点是相同的,就像两根毛发或两粒谷物一样。它们最普遍的特性就是多样性。"(《随笔集》II,XXXVII,611)

蒙田对医学经验主义的批判与对哲学理性主义的批判一样系统而深刻:"万物通过某种相似性联系在一起,每个例子都有缺陷,经验得出的结论总是有缺陷和不完美的。"(《随笔集》III,XIII,386)于是我们明白了,医生在自己的科学理想被否定之后,在其领域中建立起这条良好的规则:"这和所有虚幻、徒劳和超自然的艺术一样,即患者的信念必须预先为治疗的效果和操作提供一种积极的希望与确信。"因此,"他们外表展现出的那种矜持又令人却步的神情……甚至他们选用的大多数药物,本身也多少带有些神秘与神圣的意味:乌龟的左脚、蜥蜴的尿液、大象的粪便、鼹鼠的肝脏、白鸽右翼抽出来的血液……";"对于我们这些肠绞痛的患者(他们对我们的苦难毫不怜悯,反而傲慢地加以利用），还加入了捣碎的老鼠粪便，以及种种类似的把戏，与其说是稳健的科学，不如说更像巫术魔法的伎俩。"（《随笔集》II，XXXVII，589）公众对这种行医方式的信任度，会助长舆论对医学的错误认知。蒙田愤愤不平地抱怨道："人们接受医学，如同接受几何学；至于江湖卖艺、符咒魔法、灵魂通灵、占星预言、星位推算，乃至对荒谬至极的点金术的追求，也统统照单全收，毫无异议。"（《辩护》，311）但这阵怒气最终还是转化为一抹讽刺的冷笑。既然"世间万事万物皆对我们隐藏其真相"（《辩护》，244），那我们不妨坦承："人类的知识只能依靠一种荒谬的、疯狂的、失控的理性来维系自身。"（《辩护》，355）

最终的结论是，理解力和感官之间维持着一种相互"欺骗"的关系（《辩护》，360）。一方面，人类为自己创造了一个由"幻想"和"梦境"（《辩护》，261）构成的王国，并称之为"理性"。蒙田想展示我们的思想是如何阻止自己的（《随笔集》II，XIV），他引用了几何命题作为证据，这些命题通过其证明的确定性得出结论：内容大于容量，中心与圆周一样大（《随笔集》II，XIV，381）。"有人告诉我，在几何学中（这门自认在所有科学中达到最高确定性的学科）存在一些不可反驳的证明，颠覆了经验的真实：例如，雅克·佩莱蒂埃在我家中对我说，他发现两条直线无尽延伸，期望可以相交，但却验证了它

们在无限中永远无法相交。"(《辩护》，327)

人被自己的理性误导，转向求助于感官也不会更快乐。"他无法回避这样一个事实，即感官是他知识的主宰；但在任何情况下，感官都是不确定和易于伪造的。"(《辩护》，35)对依赖感官来深入事物本质的现实主义的批判，是《为雷蒙·塞邦辩护》论证中的关键一环，这一批判是笛卡尔的《第一哲学沉思集》的基础，后又成为帕斯卡的《思想录》的核心。"归根到底，若不是我们知道世界上有声音、气味、光线、滋味、度量、重量、柔软、坚硬、粗糙、颜色、光泽、广度、深度，我们也将和一块石头毫无分别。这些就是我们整个知识大厦的根基与原则。"(《辩护》，349)然而，如果这确实是我们所有知识的基础，那么这座大厦的坚固性将经不起考验。若要使感性具备真理价值，它必须能够自我担保，即其传达的印象必须忠实保留那个（在假设中）曾造成这一印象的对象本身。但这是无法证明的。"一切可被认知之物，当然都是借由认知者的能力而被认知；因为判断源自判断者的活动，那么合乎理性的就是：这一活动应当由他自身的手段与意志来完成，而不是依赖他者的强制，就像如果我们是根据事物自身的本质来认识它们那样。"(《辩护》，349)

从一个人到另一个人，同一人在某一时刻到另一时刻，器官的特殊结构、疾病或健康的状态、一日中不同的时刻，这些因素都会以这样的方式发挥作用，从而改变物体呈现的相貌，这难道不是我们日常观察到的现象吗？而这些并不容易消除的偶然因素，最终让位于知识，让其进行正常运作。在"感官相互干扰的情况下，把了解真实的特权归于某种感官怎么可能是合理的呢？一幅画在视觉上显得立体感十足，但触摸起来却显得平坦无凹凸……蜂蜜味觉上是甜的，但视觉上却不讨喜"（《辩护》，364）。

不仅如此，关于感官的章节也不限于人类经验的范围。"在感官这种能力上，动物和我们拥有同样多的权利，甚至更多。"（《辩护》，361）不仅"可以肯定的是，有些动物的听觉比人类更灵敏，有些动物的视觉更好，有些动物的嗅觉、触觉或味觉更强"（《辩护》，361），而且我们还应该问问是否有些物种具备人类没有的某些感知能力："是某种特殊的感官偶然告诉公鸡早晨和午夜的时间，并促使它们啼叫；在没有任何经验的情况下，是某种特殊的感官偶然告诉母鸡，要知道害怕老鹰，而不是鹅或孔雀这种更大的动物；小鸡知道，猫对它们有敌意，不要提防狗，要武装自己，对付'喵喵'这种不讨人喜欢的声音，而不是对付'汪汪'这种刺耳的争吵声；感官还告诉大黄蜂、蚂蚁和老鼠，一定要选择最好的奶酪和最好的梨；并且引导鹿、大象和蛇去了解哪些是适合治疗它们的草药。"（《辩

护》，352）

对本能中蕴含的奇迹进行考察，为人类的思维开启了出人意料的视野："我们几乎是通过全部感官来感知苹果的：我们看到它是红色的，有着光滑的表面，闻起来很香，尝起来有甜味；除此之外，它也可能具有其他功效，例如收敛或干燥，但我们却没有相应的感官可以觉察这些性质。对于那些我们称为'隐秘'的属性——比如磁石吸引铁的能力——难道没有理由相信，在自然中存在某些特定的感知能力，正是它们能判断并察觉这些性质，而由于我们缺乏这些感知能力，才使我们对这些事物的真正本质一无所知吗？（……）我们构建出的真理，是建立在我们五官协同做出的判断之上；然而，也许要获得真正确定，并把握其本质的认识，或许需要八种，甚至十种感官的共同参与。"（《辩护》，352—353）

此时，仅仅说"感官活动的误差与不确定性"（《辩护》，355）会影响到对其属性的认知，这已经不够了。问题触及的是现实本身。"我们的理性与灵魂，在梦中接受那些浮现的幻象与观念，并以对白昼同样的认可来裁定梦中的行为；那么，我们为何不该怀疑：我们的思想与行动是否也不过是另一种梦境？我们的清醒是否不过是一种变形的沉睡？（……）我们在清醒时沉睡，在梦中却是苏醒的。"（《辩护》，361）

因此，感性主义驳斥了自己，至少在它以教条主义的面目出现的时候是这样；正是因为如此，蒙田才能写道："普罗泰戈拉（Protagoras）确实给我们讲了一些好故事，他把人当作万物的尺度，而人从来只知道自己的东西。"（《辩护》，307）但柏拉图可能对普罗泰戈拉的格言有更好的理解，那就是让客体消失在主体难以捉摸的流动性中；这正是蒙田的想法。"我们，我们的判断，以及一切凡人事物，都在不停地流动和滚动。因此，从一个到另一个，没有什么是确定的，做出判断的人和其对象都在不断地变化和运动。"（《辩护》，367）

事实上，哲学正当地、忠实地宣扬了判断的首要地位，但这也对哲学提出了超出其能力的要求。"为了判断我们从主体那里获得的表象，我们需要一个判断的工具；为了验证这个工具，我们需要证明；为了验证这个证明，又需要另一个工具；这就陷入了循环。由于感官无法结束我们的争论，因为它们本身就充满了不确定性，因此需要依赖理性；但任何理性都无法在没有另一种理性的情况下确立；这就使我们退回到了无穷循环中。"（《辩护》，366）

自此，再无任何东西得以支撑和组织起知识的大厦。"曾有一位最智慧的人，当被问及他知道些什么时，他回答说，他知道的正是自己一无所知。"(《辩护》，231）受苏格拉底启发，学院派哲学家将正反两方的论点一概搁置，无论是毕达哥拉斯与柏拉图学派所主张的数学理想主义，还是逍遥学派依附的物理实在论；无论是斯多亚学派坚信的充实和显而易见，还是伊壁鸠鲁学派主张的空无。蒙田同样也超然于物外：那些从他所处时代起便已酝酿，并将在下一个世纪标志精神价值真正复兴的思想变革，对他而言，其意义只在于它们恰可印证他所信奉的不可知论。"三千年来，天空和星辰一直在移动：世人皆深信不疑，直到萨摩斯的克利安特斯——或依照忒俄弗拉斯特的说法，是叙拉古的尼刻塔斯——突发奇想，声称真正运动的是地球，它沿黄道的斜轨环绕其轴线进行转动；而在我们这个时代，哥白尼则将此学说奠定得如此扎实，以致他能够在所有天文学推论中加以严格运用。那么我们又该从中得出什么结论呢？无非是这两种观点究竟哪一个是真的，对此我们大可不必介怀。谁又知道，在一千年之后，会不会出现第三种观点，将这两种理论一并推翻？"（《辩护》，325）

学院派还"承认有些事情比其他事情更可信，他们的判断力包括更倾向于一种表象而不是另一种表象……皮浪学派的观点更大胆，而且在某些时候更为可信"（《辩护》，313—314）。当他们说："我不知道或我怀疑时，他们表示这个命题本身既包含了其他命题，也包含了它自身的命题，就像大黄草既能排除

体内的毒素，同时也排除自身一样。"(《辩护》，267)

怀疑主义始终忠实于自身的真理，它拒斥陷入教条主义安逸的诱惑。诚然，蒙田也曾倾听那种迎合我们惰性本能的声音："啊，何等柔软、温顺又健康的枕头啊——无知与漠不关心，用来安放一个构造良好的头颅。"(《随笔集》III，XIII，391)然而，他的一生足以证明，他并未止步于此。而且，和以往一样，我们只需倾听蒙田回应自己的声音即可："彩虹是奇迹女神之女。惊奇是一切哲学的根基，探求是其进程，无知是其终点。的确，有一种坚定而高贵的无知，在荣誉与勇气上毫不逊色于知识——理解这种无知，所需的智慧并不比理解知识更少。"(《随笔集》III，XI，331)

从这个角度理解，无知只有回到出发点，才能到达终点。这又引发了新一轮的探究："如果人们对捕捉猎物绝望，却仍然乐于狩猎，这是不足为奇的，因为学习本身就是一种愉快的活动。"(《辩护》，244)探究又反过来引起了惊叹。蒙田给出了一个对他具有直接影响的例子，陈述并分析了遗传的决定性因素。"我相信我这结石的特质是从我父亲那里继承来的，因为他因膀胱中的一块大石头而极度痛苦地去世；他在67岁时才发现这个病症……在他患病之前的二十五年多，我已经出生了，在他身体最健康的时候……这种缺陷的倾向潜伏了这么久？而当他远离病痛时，他用来孕育我的那一小部分物质，怎么会带有这么大的印记？而且这种印记还如此隐蔽，直到四十五年后我才开始感受到，至今我众多兄弟姐妹中只有我一个人感受到，而我们都是同一个母亲所生？谁能解释这个过程，我就会相信他愿意宣称的其他任何奇迹，只要他不像其他人那样，用一种比现象本身更难理解和更奇幻的学说来解释。"（《随笔集》II，XXXVII，580）

诸如此类的事实，无疑是以一种积极的方式呈现出来，但却拒绝任何理性解释甚至感性表述的尝试，这就不可避免地提出了一个问题，塞内卡（Sénèque）曾在《自然问题序言》（*Préface des Questions naturelles*）中反思过的问题，这一问题在《为雷蒙·塞邦辩护》章节的最后几行中重现："啊，如果人不超越人性，那人是多么卑劣和卑贱的东西啊。"（《辩护》，370）

蒙田的回应紧随其后："这话说得漂亮，愿望也很可贵，但同样荒谬；因为想让握把比拳头更大，臂抱超过手臂的长度，或是指望迈开的步伐超出双腿所能延展的幅度，这些都是不可能且荒诞的。人无法超越他自身以及人性；他能看到的仅限于他的眼睛所见，所能把握的也只在于他的手所及。"（《辩护》，371）这话说得既清晰又明确，以至于蒙田特地补充道："若他真的能向上，那也只有在上帝格外伸出援手的时候；他若真能向上，必定是放弃并舍弃了自身的能力，全然依靠纯粹天上的力量来将他托举与提升。"而《随笔集》中还附有一则批注，更清晰地点明了这一对比："要实现这种神圣而奇迹般的变化，应归于我们的基督信仰，而非斯多葛的美德。"（《辩护》，371）

这些原则性的表述，是否不过是出于谨慎的保留，抑或只是写作上的套语？在对这一重要问题做出判断之前，我们仍需谨慎。如果我们责备蒙田背弃了他在与"古人中最优秀者"的亲密交往中深受熏陶的文化与自由理想，责备他对《圣经》的态度不过重复了他曾批评亚里士多德信徒的那种"迷信式的虔诚"，他并不会辩解，只会任人评说，而他的沉默反倒使情况更为严重。对作者来说，情况不利；但对读者来说，情况就更糟糕了，因为他们失去了理解《随笔集》那些丰富而大胆篇章的妙趣，这些篇章如果没有了讽刺的意味，就只会变得枯燥乏味。

雷蒙·塞邦就是这种明言讽刺的首位受害者。蒙田的父亲曾极为认真地看待这本《自然神学》或《造物之书》，而图尔内布（Turnèbe）认为它不过只是"从圣托马斯·阿奎那的著作中提炼出的部分精华"（《辩护》，149）。既然"有人说，他的论证软弱无力，难以证明他想要证明的内容"（《辩护》，159），蒙田便完全同意。他只是认为，人类理性也未必有能力提出更强的论证。因此，这部所谓为宗教经院哲学所做的"辩护"，最终在西方思想史上，却成了一份轻快而锋利的控诉，而雷蒙·塞邦本人不过是一位大胆而天真的辩护人。

然而，我们不应由此得出结论，认为《随想录》的视野因此而变窄，仿佛蒙田天生对人类超越自身条件和束缚的能力漠不关心或无动于衷。"从我的童年开始，诗歌就深深地吸引着我。"（《随笔集》I, XXXVII, 299）他还坦言："至于我，我认为自己还不够强大，无法聆听贺拉斯和卡图卢斯的诗句由一位美丽的年轻人用动听的声音唱出来。"（《辩护》, 356）他甚至想象，"为了赞美年轻的卡托（Caton），也为了年轻的卡托的利益"，举办一场回顾性的比赛；他把马蒂亚尔、马尼利乌斯、卢卡努斯、贺拉斯，最后是维吉尔"扔进了擂台"："到最后，维吉尔领先一段距离，但他（那个被养育得很好的孩子）会发誓没有任何人类精神能够填补这个空白，他会惊讶，会被震撼。这真是一个奇迹：我们的诗人远远多于诗歌的批判者和阐释者。创作比理解诗歌更容易。在某种基本要求上，诗歌可以通过规则和艺术来进行评判。但是，好的、极其优秀的、神圣的诗歌是超越规则和理性的。无论谁以坚定而自信的眼光去辨别它的美，都不会看到它，它就像刹那间闪耀的光辉一样。它并不影响我们的判断力：它使我们感到愉悦，引人入胜。"（《随笔集》I, XXXVII, 298）蒙田回顾了柏拉图式的"爱奥尼"，强调了从最初的焦点散发出的光芒，这种光芒从诗人传递给演员，并通过演员"连续不断地（传递给）整个民族（……）缪斯的神圣灵感"(《随笔集》I，XXXVII，299)。

然而，"如此热爱和迷恋的美"(《随笔集》III，XII，368)，尽管蒙田可能宣称自己以苏格拉底为榜样，但他不会接受判断力失去它自身的权利。艺术，因为它美化了现实，所以错过了现实。我们必须防范天才，正是因为他拥有扭曲视角的特权。因此，诗人把爱情提升到这样的高度，以至于"爱神的力量和价值在诗歌的描绘中比其本身更加生动和充满活力。它描绘出一种比爱本身更富情感的氛围"(《随笔集》III，V，87)。

我们在美学层面上无法把握的东西，是否有希望在道德层面上掌握？"我清楚地看到，没有什么是人无法做到的，甚至有可能超越神性（蒙田承认这点，正如塞内卡在给卢西里乌斯的信中所说，*une lettre à Lucilius*，LVI）——尤其是因为，靠自身意志使自己达到无动于衷的境界，比起天生就处于这种状态，要更难；甚至，我们可以将人的软弱与神的坚定与信心结合起来……即便我们只是畸形的人，有时也能受到他人的言辞或榜样的激发，从而远远超越平日的水平。"(《随笔集》II，XXIX，503)然而，这是否意味着我们将进入到一种超越人类层面的价值体系中呢？蒙田对此明确表示质疑。"通过经验我发现，灵魂的突发和爆发与坚定和持久的习惯之间有很大区别。"(《随笔集》II，XXIX，503）这种经过"冲击"的灵魂无法在其真正的本质上有所转变。"这是一种推动和刺激灵魂的激情，但这种激情并没有使灵魂摆脱自身的束缚：因为一旦旋风过去，我们就会发现，灵魂会不自觉地松弛下来（……）在这些时代英雄的生活中，有时会出现一些奇迹般的特质，似乎远远超越了我们天生的能力；但可以肯定的是，这些都是片刻的特质；难以相信这些提升的状态能够如此彻底地浸透和滋养灵魂，以至于它们变得平常和自然。"（《随笔集》II，XXIX，503）

无论是美感的转移还是对美德的诉求，都无法让我们回避这个问题的本质。人类如何能自认为有能力跨越与绝对神圣之间的距离，从而证明其宗教的真理？

当问题通过这些术语的表达变得明晰后，蒙田的雄辩是无穷的。《为雷蒙·塞邦辩护》看似在为塞邦辩护，但实际上是在不断地与之争辩。

首先值得注意的是，蒙田并未费心对关于神性本质的传统定义，或对其存在的证明加以系统性的讨论。既然形而上学本身尚无法说明"自然"应当如何理解，它便无从进入一个被设想为超越自然，甚至可能与自然对立的领域。正如《随笔集》中实际呈现出来的那样，宗教问题只涉及人类自身。问题在于：

笛卡尔与帕斯卡：蒙田的阅读者
Descartes et Pascal : lecteurs de Montaigne

在万物和生命过程中是否存在一种终极性的目的，允许人类将自己视为某种超人力量关注的中心。如此，宗教问题便可还原为一个关于骄傲的问题；而要解答它，只需将信仰的绝对性与那些它自身所不自知地依赖的种种形式对照起来，那些形式揭示了其主张的虚妄："啊，自负（cuider）！你给我们带来多少障碍！"（《辩护》，288）自负正是那种促使我们相信的因素，尤其促使我们相信我们自身。

这就是"妄自尊大：我们天生的、原始的疾病"（《辩护》，164）的第一个例证，我们赋予地球特权，唯一的原因就是我们是地球的居民。蒙田质问人类："你的理性在其他任何事上都没有比它让你相信多重世界的存在更具合理性与基础。古代最杰出的头脑都曾相信这一点，而我们当中也有一些人——（蒙田此处所指显然是奥古斯丁在《上帝之城》第十卷第二十九章与第十三卷第十六章中所列的例证）——也受到人的理性表象所影响而承认了这一点。"（《辩护》，262）我们难道不觉得荒谬吗？我们竟自诩能理解和评判因果，而事实上却连物理上的、道德上的后果都无法全面掌握。"你能看见的，不过是你所处这个小小地穴中的秩序与规则——若你真的能看见的话。这片空间与整体相比，微不足道；（……）你援引的，不过是一部地方法令，而你却不知那普遍的律法为何。"（《辩护》，262）

因为无知，所以人类使用甚至滥用自己的无知。"他借由想象，将自己安置在月亮轨道之上，把整个苍穹都踩在了脚下。"（《辩护》，165）事实上，"在所有创造物中，最不幸、最脆弱的正是人类；与此同时，他却又是最骄傲的。他明知自己被安置于此，在泥沼与粪便之中，与宇宙中最死寂、最腐败的部分相连，居于世界之屋的最底层，距离天穹最遥远之处，与其他动物为伍"（《辩护》，164）。蒙田特别强调：与天上之鸟、水中之鱼、地上之兽相比，人反而是处境最差的一类。

不同生物种类的多样性对我们来说，比多重世界的假说更为直接和显而易见；对比就在我们眼前。当人类自认为"在这个宏伟的建筑中，唯独他有能力识别其中的美与结构、能够向造物主表达感恩，并负责世界的运行和安排"时，我们不禁要问他："是谁赋予了他这一特权？他能否出示这种伟大和崇高职责的凭证所在？"（《辩护》，162）人类会保持沉默；但蒙田不断提起这些带有本能的运作，后者强迫我们不断承认自己的无能。不仅如此，"自然（……）同时也剥夺了我们的一切手段，使我们即便付出全部努力与教育，也无法达到动物那种天赋的水平；以至于，它们那种似乎粗陋的愚钝，反倒在一切便利性上胜过我们这所谓神圣的理智"（《辩护》，169）；还有某些能力，"我们不仅无法通过模仿来实现，甚至无法想象是什么样子"（《辩护》，187）。

笛卡尔与帕斯卡：蒙田的阅读者
Descartes et Pascal : lecteurs de Montaigne

于是，我们又回到了原本的位置上："顺便说一句，我们承认，把大自然的恩惠分给了动物，这对它们是非常有利的。我们把想象的和梦幻般的东西、未来的和不存在的东西归于我们自己，而这些东西是人类自身尚且无法确认是否真能拥有，或者凭借臆想，将理性、知识与荣誉之类的东西归于自己；而留给动物的是一份基本的、可感受到的和可触摸的东西：和平、安宁、安全、纯真和健康；我特别要强调，健康，这是自然能够赐予的最美好、最丰厚的礼物……"回到我的主题上（蒙田继续写道，而帕斯卡逐字逐句思考了他所写的每一个字）："我们分得的是反复无常、犹豫不决、不确定、悲哀、迷信、对未来的焦虑，甚至是死后的担忧，野心、贪婪、嫉妒、无法控制的欲望、战争、谎言、不忠、诽谤和好奇心。"（《辩护》，209—211）这些话语如此有力地揭露并拔除人类自命优越的假象，以至于蒙田不得不装作流露出一丝不安："这番议论仅仅针对我们普通的状况，并无意冒犯那些偶尔在我们之中，如星辰般闪耀在尘世肉身之下的神圣、超自然、非凡的美德。"（《辩护》，209）

然而，这并不妨碍蒙田悠然地展开对第三个更加尖锐和令人不安的难题的探讨，即继"世界的多元性"和"生物种类的多元性"之后提出的"多重信仰"问题："人是多么荒谬！他连一粒微尘都无法创造,却能铸造出成打的神明。"(《辩护》,270)读者不禁要问:《圣经》中的上帝与《福音书》中的上帝是否也属于这成打的神明之列?面对这个直接而尖锐的问题,蒙田自然不会给出明确的回答。不过,在这篇题为《为雷蒙·塞邦辩护》的对基督教信仰"反向"辩护的文章中,他写道:"我们接受自己的宗教,不过是按照我们自己的方式、借助我们的手来接受的,与其他宗教的接受方式并无不同。我们恰巧出生在这种信仰盛行的地方;或是看重它的古老传承,或是相信维系它的人物的权威,或是畏惧它对异教徒的威胁,或是追随它许诺的福祉。这些考量确实促成了我们的信仰,但不过是辅助因素,均是人为的。如果我们处在另一个地区,面对其他证人,听到类似的承诺与威胁,我们或许会以同样的方式接受一套截然相反的信仰。"似乎担心自己的想法仍可能被误解,蒙田在1588年再版的《随笔集》中又明确指出:"我们成为基督徒,就像我们成为佩里戈尔人或德国人一样。"(《辩护》,155)而如果仅凭理性,遵循慷慨的自然的驱使,人类情感本不应被国界阻隔:"不是因为苏格拉底说过,而是因为这确实符合我的性情,尽管或许略有过度,我把所有的人都视为我的同胞,我拥抱波兰人如同法国人,将民族的联系置于普遍而共同的人类联

笛卡尔与帕斯卡：蒙田的阅读者
Descartes et Pascal : lecteurs de Montaigne

系之后。"①

在表面上刻意营造的杂乱结构之下，《随笔集》实际上包含着一部"体系论"，以及一部真正的"宗教论"，它通过对信仰与不信教的理由的系统考察，深入讨论了自负及人类的傲慢的心理机制。真诚的谦卑与对根本相对性的认识密不可分。"当我与我的猫嬉戏时，谁知道是我在它身上打发时间，还是它在我身上打发时间？我们彼此逗弄对方。"（《辩护》，165及注7）想到查理九世曾将"食人族"带至鲁昂的事，蒙田指出："每个人都称不符合自己习俗的事物为野蛮；实际上，似乎我们衡量真理与理性的唯一标准，就是本国的观点和习俗的榜样。那里总有最完善的宗教、最完善的政体、最完善而完备的风俗制度。"（《随笔集》I，XXXI，265）在这一点上，来访鲁昂的那些食人族的言谈远不及早期美洲大陆探险家的记述来得令人好奇与发人深省；因为在那里，对立与不同让位于最令人不安的靠近和比较。

蒙田回忆了伊壁鸠鲁的一句话，后者曾说："就如我们在此地所见，事物在许多其他世界中也是如此相同、如此类似。"蒙

---

① 《随笔集》第三卷第九章，第253页。值得注意的是，这一原则性声明紧接在蒙田那段著名文字之后，在那段文字中，他盛赞巴黎为"法国的荣耀，也是世界上最为高贵的瑰宝之一"，仿佛在强调，这个国家的首都肩负着构建一种普遍人类文化中心的使命。

田评论道:"如果他曾见到新发现的大陆与我们现今及过去世界之间如此奇特的相似与呼应,他必定会更加确信这一说法。确实,考虑到这些人类社会演变的情况,我常常惊讶地看到,尽管隔着极其遥远的时空,在许多怪诞的民间信仰、野蛮的风俗与信念中,竟存在如此多的巧合,而这些观念与我们的理性推论似乎毫无关联。"(《辩护》,329)接下来的列举尤为发人深省:"因为,人们发现有些民族,在未曾听闻我们消息的情况下,已实行割礼……他们也有我们的斋戒与封斋;他们以不同方式尊崇十字架:有的在墓地上安放,有的,特别是圣安德鲁十字架,被用来抵御夜晚的幻象,并置于婴儿床上来保护儿童免受巫术……在那里还发现了极为接近我们忏悔制度的做法,主教冠的使用、祭司独身制、通过使用祭祀动物的内脏来进行占卜、在饮食上完全禁食肉类与鱼类的习惯,以及祭司在仪式中使用一种非通用语言的做法。"还有大洪水的传说,以及对"一位曾经以完美贞洁之身生活于世,宣讲自然律与宗教仪式,并最终没有经历自然之死而消失在世上的人"的崇拜。(《辩护》,330—331)

在这里,蒙田似乎对自己的言辞感到惊讶,仿佛为了强调其重要性:"我们宗教中这些虚妄的影像,在一些例子中显现出来,正好证明了它的尊严与神圣。不仅在这边诸多异教民族中,她以某种模仿的方式多少渗透了进去,而且在那些野蛮民族中,

笛卡尔与帕斯卡：蒙田的阅读者
Descartes et Pascal : lecteurs de Montaigne

也似乎通过一种普遍而超自然的启示传播开来。"随即，讽刺的倾向立刻显现："因为，在那里也发现了对炼狱的信仰，不过是一种新的形式：我们以火来净化，他们则以寒冷，设想灵魂在极端酷寒的折磨中得到净化与惩罚。可笑的差异！"（《辩护》，331—332）在这一片令人惊叹的相似性背景之上，这种差异尤其引人瞩目。正如政治制度的多样性与普遍正义的统一性相悖，宗教真理的观念也被分散于遍布全球的诸多信条之间。正是这种现象，最能在这一新的领域中滋养并巩固那种强化不确定性的态度（《辩护》，291），这是蒙田定义的智者的姿态。既然"各民族、各宗教，在祭祀、灯烛、焚香、斋戒、供献等方面，都出现了诸多相似之处"（《随笔集》III，V，125），那么，若有人自以为可以独占一条辨别真理的法则，而不冒犯神灵，那几乎是不可能的。"每个人似乎都认为自然的正统形式存在于自身；并以此尺度衡量并归纳其他一切形式……这是何等野蛮的愚蠢！"（《随笔集》II，XXXII，530）

从这个角度来看，关于奇迹的话题，自然格外引起了帕斯卡的关注。他曾写道："我多么憎恨那些使人对奇迹产生怀疑的人！蒙田曾在两个地方谈到了奇迹，措辞谨慎：在一处，他表现得十分审慎；然而在另一处，他又表明了信仰，并嘲笑那些不信教的人。"（A453，fr.813，704）帕斯卡在别的地方写道："蒙田反对奇迹。蒙田支持奇迹。"（A449，fr.814，704）

蒙田反对，蒙田支持。可以推测，这种阅读和理解《随笔集》的方式，并不会令作者感到不悦。然而，我们也不可过于仓促得出结论，认为他仅仅是自相矛盾。对蒙田的支持的言论，实际上，不过是在貌似同样可信的证据上，不加区分地将基督教的奇迹与"异教"的奇迹一并接受，而且也仅仅停留在一种否定性的概括之上："轻率地蔑视那些我们无法理解的事物，是一种危险的行为，这种行为本身也带有轻率与荒谬。因为，一旦你按照自己的理解为真理与谬误划定了界限，结果又不得不承认，你被迫相信的事物比起你否认的那些更加奇异，那么你便已经不得不放弃原先的设定了。"（《随笔集》I，XXVII，233）因此，应当承认——正如帕斯卡引用的那个章节标题所示——将真与伪归结于我们的自以为是本身便是一种愚蠢。

不过，这条箴言在相反方向上明显更为适用。"奇迹是因为我们对自然无知，而不是因为自然本身如此。"（《随笔集》I，XXIII，141）同样的主题在《为雷蒙·塞邦辩护》中再现："我们称许多事物为奇迹与超自然，这不过是每个人、每个民族按照自身无知的程度作出的判断。"（《辩护》，264）最后，可以认为，在蒙田的积极批判中最具决定意义的一点，是他极其用心地揭示了奇迹发明与传播的机制："我目睹过这个时代几个奇迹的诞生。尽管它们在诞生之初就已被压制，但我们仍能预见

笛卡尔与帕斯卡：蒙田的阅读者
Descartes et Pascal : lecteurs de Montaigne

到，如果让它们自然发展，将会演变成什么样子。最初那些接受异事的人，在传播他们的故事时，会在受到质疑的地方察觉到说服的困难，于是便在那些具有缺陷的地方塞入某些虚假的说法……最初的个别错误导致了公众共有的错误，而反过来，公众的错误又加固了个别错误。整个建构便是这样逐步扩展与堆积，从而导致离事件本身最远的见证者反倒比最接近事实的人了解得更多。最后得知此事的人反而比最初目击的人的证词更加让人确信。这是一种自然的演变过程。"（《随笔集》III，XI，327—328）

最初似乎笼罩在《随笔集》之上的迷雾与模糊，此刻难道还没有消散吗？蒙田抨击维吉尔关于恺撒之死的著名诗句，讥讽"那种流行于大众的幻想，认为太阳在恺撒死去的一年中都为他的死哀悼，以及其他千百种类似的荒谬说法，这些说法竟如此轻易地欺骗了世人，使他们以为我们的利益足以撼动上天，甚至以为浩瀚无垠的苍穹会因我们的微不足道的纷争而受到影响"（《随笔集》II，XIII，374），这难道是偶然的吗？难道蒙田没有意识到，《农事诗》中的这一段与《福音书》中关于基督之死的叙述之间，有着惊人的相似？

当蒙田谈到柏拉图时，他不必点明所指何人："仿佛还不够，柏拉图原本就以双重血统出身于诸神之列，人们认为他的家族与海神波塞冬拥有同一个祖先；而在雅典，人们普遍相信这样一件事：阿里斯托想要与美丽的佩里克提奥涅结合，却未能如愿，并在梦中受到阿波罗神的警告，要他在佩里克提奥涅分娩之前，不可玷污她的贞洁。这二人便是柏拉图的父母。（蒙田问道：）诸如此类由神明介入而导致的欺骗婚姻、由神明制造的人间不义之事，到底还有多少？又有多少受辱的丈夫，沦为神意下不义之子的笑柄？"（《辩护》，273）

显然，蒙田是以荷马为例，指出其注释方式幼稚可笑，但他的意图显然远远超出了《伊利亚特》和《奥德赛》的范围："难道荷马真的想要表达后人加诸于他的作品的一切意义吗？他的作品竟能为如此众多且互相矛盾的诠释提供依据，以至于神学家、立法者、将领、哲学家，乃至所有从事学问的人，不论立场如何不同，都能引证他、依赖他，把他当作万事万物的总管、总工匠、总顾问？无论是谁，只要需要预言和神谕，都能在他那里找到自己想要的答案。我的一位学识渊博的朋友，常常能以惊人的方式，从荷马的作品中挖掘出支持我们宗教信仰的证据，而且他几乎无法摆脱这样的信念：认为荷马的确怀有这样的意图（尽管他对荷马的熟稔远超我们这个时代的一般水平）。然而，昔日也有不少人，从荷马那里找到了对他们自己信仰体系的支持。"（《辩护》，347）

笛卡尔与帕斯卡：蒙田的阅读者
Descartes et Pascal : lecteurs de Montaigne

因此，部落的偶像被嫁接到语言的偶像上，从世俗的领域转移到神圣的领域，危害变得愈发严重："世间的大部分纷争都是由语法引起的。我们的诉讼源于对法律解释的争议；大多数战争源于未能清晰表达君主之间的协议和条约。"（《辩护》，266）然后突然间，蒙田提到了圣体奥秘（Eucharistie）与变质教义（Transsubstantiation）文字起源的歧义问题，这个歧义对基督教信仰的和平和统一都是致命的："世界上有多少争论，而且是很多重大的冲突，都是由于对这个音节HOC的理解有歧义而引起的！"（《辩护》，266）

启示神学最终让我们陷入了与自然神学同样的困境和黑暗中，这对一个彻底的怀疑主义者来说一点儿也不矛盾："人的灾祸在于自以为知。这就是为什么我们的宗教如此推崇无知，将其视为信任和服从的适当形式。"（《辩护》，214）蒙田再一次通过个人记忆来证实这一观点："我曾经很高兴地看到在某个地方，有人出于虔诚，发誓保持无知，就像发誓保持贞洁、贫穷和苦修一样。"（《随笔集》III，XII，343）

为了支持这一观点，《为雷蒙·塞邦辩护》广泛引用了经典文本，既包括《福音书》（《圣彼得前书》I，V，5）："神抵挡骄傲的人，但赐恩给谦卑的人"（《辩护》，160）；也包括圣奥古斯丁（《秩序论》*Deordine II*，XVI）的名言："正是在'无知'之中，人对上帝的认知反而更深（Melius scitur Deus nesciendo.）。"（《辩护》，228）这些确实是蒙田作为天主教徒的见证，但若不是他刻意将之与"异教"权威并置，它们本可以更具说服力。在引用圣彼得之前，蒙田在原文中引述了希罗多德（Hérodote）的一句话（《历史》VII，X）："上帝不允许除自己以外的人自以为大"（《辩护》，160）；而在为圣奥古斯丁辩护时，他则援引了塔西佗（Tacite）论述日耳曼人风俗的一句话（《日耳曼》XXXIV）："关于神明的行为，信仰比学问更为神圣与恭敬（Sanctius est ac reverentius de actis Deorum credere quam scire.）。"（《辩护》，228）

模棱两可的引文不应掩盖蒙田的真实感受。他重复道："对基督徒而言，遇到难以置信的事情反而是信仰的契机。事情越是违背人类理性，就越符合真正的理性。"（《辩护》，228）但这并未为我们带来任何实质内容，不过是一种彻底无内涵的否定罢了。而蒙田——无论这是作为毒药还是解药，这任由我们理解——特意提醒说："未知的事物最容易被神化。"（《辩护》，252）这一点在他那篇题为《应当谨慎判断神谕》的章节开篇得到进一步阐释："欺骗的真正领域和对象是未知的事物。首先，陌生性本身就能增加它们的可信度；其次，这些事物不在我们日常讨论的范围内，使我们无法反驳。因此，柏拉图说，谈论神的本性比谈论人的本性更容易，因为听众的无知为处理这些

隐藏的事物提供了广阔的空间和完全的自由。"(《随笔集》I，XXXII，278）

归根结底，"人类理解力那奇妙的醉狂"（《辩护》，252）所催生的对超自然的冲动，在蒙田看来，更多的是一种令他感到好笑的现象，而非感动他的真理。他写道："难道不是一种哲学上的大胆妄断吗？竟然认为当人们失去自我、陷入疯狂与失神状态时，反而能创造出最伟大、最接近神性的事业？我们通过失去理性、让其沉睡时获得提升。人们通向神的境界、预见命运结局的两条自然通道，正是狂热与睡梦。这一切，想想便令人发笑。"（《辩护》，322）"谁不知道，疯狂与自由精神的飞扬、超凡德性的表现，这三者之间的界限几乎难以察觉？"（《辩护》，219）

比起任何人，蒙田极力避免在神秘主义者歌颂的黑暗中迷失自我。"他们想要超脱自身，逃离人类的本性。这太疯狂：他们没有变成天使，反而堕落成野兽；不是上升，而是跌落。这种超越人性的激情之举令我畏惧，就如同那种高不可攀的险地一般。"（《随笔集》III，XIII，449）在蒙田看来，即便是最伟大的哲学家或最杰出的将领，只要他们妄图突破自身的界限，也同样会让自己变得渺小可笑。"在苏格拉底的一生中，唯有他的狂喜与神秘体验令我难以接受；而在亚历山大的一生中，我

发现没有比他那自我神化的幻想更卑微、更具凡人气息的了。"（《随笔集》III，XIII，450）

无论汲取何种源泉，教条主义最终都难逃失败。我们不应指望通过抽象推理的演绎证明来获得宗教的真理。早在《为雷蒙·塞邦辩护》的开篇，蒙田便已经明确指出了道德标准的至高地位，但前提是必须正确理解它，即绝不可将基督教宣扬的道德，与基督徒在现实中实际践行的道德混为一谈。若"如此神圣而天赐的制度，竟只通过基督徒的言语留下痕迹"，那将是一桩多么令人悲哀的事情！（《辩护》，151）

首先需要指出的是，《随笔集》明确反对禁欲主义倾向、反对自我折磨的迷恋："屈服于苦难是软弱，但滋养苦难则是疯狂。"（《随笔集》II，III，28）提前迎接命运的打击，放弃安逸的生活——无论是出于宗教虔诚，还是出于哲学探讨——强迫自己作践自己，睡在坚硬的地上，自残双目，将财富抛入河中，主动寻求痛苦（有些人这样做，是希望通过今生的折磨赢得来世的幸福；另一些人，则希望通过将自己置于最低的阶层，以免再度堕落），这些在蒙田看来，都是一种美德泛滥的行为。（《随笔集》I，XXXIX，312）

蒙田毫不讳言自己"很少悔恨"（《随笔集》III，II，29），

笛卡尔与帕斯卡：蒙田的阅读者
Descartes et Pascal : lecteurs de Montaigne

因为他从未在自己的生活中为"罪感"留出位置。至于那种在天上设想一个神明，会因人类在地上的自我牺牲而欣喜的观念，他认为，这种想法与造物主与受造物之间应有的正常关系是矛盾的。按照他一贯的策略，他引用了"异教"例证，以批判那种"渴望无辜者鲜血的正义"。他援引了卢克莱修的著名诗句：

宗教竟能劝诱人们犯下如此多的罪恶。
（Tantum religio potuit suadere malorum.）

接着他继续指出："迦太基人将自己的孩子献祭给农业与丰收之神撒图恩；没有孩子的人，则从他人处购买，并且父母必须以欢愉而满足的神情亲临祭祀现场。竟然会有如此离奇的妄念：以我们的苦难来报答神的善意，就像斯巴达人那样，以鞭打少年——有时甚至鞭打致死——来取悦他们的神阿耳忒弥斯。试图以破坏自己的建筑来取悦建筑师，以无辜者的惩罚来抵偿有罪者的过错，这真是野蛮至极。可怜的伊菲革涅亚在奥利斯港被杀，被献祭，以求上天赦免希腊军队的罪行……还有那两位高贵而英勇的德丘斯父子，为了换取众神对罗马事务的眷顾，不惜舍身冲入敌阵的最深处。"（《辩护》，259）

通过排除一切超越普通道德层面的价值体系，蒙田更加尖锐地提出了《为雷蒙·塞邦辩护》的主要问题，也使他的回应显得格外深切而痛苦：人类有权质问基督教，究竟它为人类做了什么，又把人类变成了什么。"拿我们的风俗与一位穆斯林或一位异教徒相比，你总会发现我们处于劣势；而实际上，鉴于我们宗教宣称的优势，我们理应远远超出他们，达到无可比拟的高度。人们应当说：他们如此公正、如此仁慈、如此善良，他们必定是基督徒。"（《辩护》，151）蒙田继续指出："我清楚地看到，我们乐于将那些迎合自身欲望的行为归于虔敬。没有什么敌意能比基督徒的敌意更'高尚'。当我们的宗教热情顺应我们仇恨、残酷、野心、贪婪、诽谤和叛逆的倾向时，它能创造奇迹；相反，当面对善良、仁慈、节制等德性时，除非性格奇迹般地自然倾向于此，否则我们的宗教热情既无法践行这些美德，也无力激发人心。我们的宗教本应铲除恶行，却反而为它们遮掩、滋养、助长了它们的恶行。"（《辩护》，153）

蒙田一向厌恶一切残忍之事："至于我，连仅仅看到追捕和屠杀一只无辜、毫无防备、对我们毫无恶意的动物，都会感到痛心。"他承认："我生活在这个时代，目睹了内战肆虐带来的无数难以置信的残暴行径；即便是古代历史，也未曾记载过比我们今日每天上演的事例更极端的情况。但即便如此，这些景象也从未让我感到习以为常。在亲眼目睹之前，我几乎无法相信，竟真有灵魂如此怪诞，仅仅为了杀戮的快感而去屠杀他人；砍断他人四肢、切割肢体，绞尽脑汁发明前所未有的酷刑与死法，无须仇恨，无关利益，仅仅是为了欣赏受害者在死亡痛苦中挣扎的凄惨动作与哀号。因为，这正是人类残忍所能达到的极致。"(《随笔集》II, XI, 138)

蒙田的心灵始终被这些惨痛的记忆纠缠。而且，有时可憎之事也会伴随着可笑的荒谬。早在罗马帝国时代，就出现了这样一种新的惩罚方式："自那时起，便延续于罗马……对著作与学问本身施加死刑。人们似乎还嫌对肉体的残暴不够，竟要连那些本无感知、无受苦能力的事物——诸如声誉与思想上的创造——也一并卷入惩罚之中；他们把肉体痛苦扩展到了学问与缪斯女神的遗产上。"(《随笔集》II, VIII, 96)

蒙田开始写作的那一年，正值他归隐自家庄园，"在缪斯女神的怀抱中休息"，也是发生圣巴托洛缪大屠杀的那年。在早期的一篇随笔《论懦弱的惩罚》中，他针对亲历者、幸存者、见证者写道："许多人认为，只有当人违背了自身良知时，才应当受到谴责；而反对处死异端与不信者的观点，部分上也正是建立在这一原则之上。"(《随笔集》I, XVI, 86) 此后，他又撰写了《论信仰自由》一章，在其中大胆地赞颂了被称作"叛教者"的朱利安皇帝："他确是一位极其伟大而罕见的人物。他的灵魂深受哲学的熏陶，并以其原则来指导自身行为；而且，确实，没有哪一种德行未能在他身上留下杰出的范例。"(《随笔集》II，XIX，458）在这些德行之中，自然也包括了宗教宽容。难道不是朱利安曾在君士坦丁堡宫廷中召集"基督教各派主教"，并下令"让每个人信仰自己的宗教，不得有任何恐惧或阻碍"吗？蒙田紧接着补充评论道："朱利安如此用心，希望通过允许宗教自由，来加剧教会内部的分裂与党派纷争，从而阻止民众因统一而增强力量、联合起来反抗他；因为他从少数基督徒的残暴经验中学到，没有任何野兽比人类自身更值得人类惧怕。"（《随笔集》II，XIX，461）

我们很难否认这些话的分量。在古代世界毁灭之后，基督教试图重建文明；在蒙田看来，这种尝试是徒劳的。道德兴趣和精神价值的焦点不在摩西和耶稣身上——在《随笔集》中，他们几乎没有走出前人的阴影——而在色诺芬的《回忆录》、柏拉图的《对话录》、塞内卡的《书信集》和普鲁塔克的《名人传》中。

然而，蒙田自称是一名天主教徒，虽然更多是出于实践而非出于内心的信念。他写道，"我故意在斋戒日吃肉"（《随笔集》III，XIII，432），但又狡黠地向读者坦言，他"喜爱鱼肉"，并且"在斋戒日大快朵颐，而在开斋日反而节制"，用这样的方式戏谑地规避教规。那么，我们是否可以设想，这位将绝对坦率作为自己人生与写作的根本理由的人，这位灵魂"天性厌恶

笛卡尔与帕斯卡：蒙田的阅读者
Descartes et Pascal : lecteurs de Montaigne

说谎，甚至讨厌去想"（《随笔集》II，XVII，430）的人，会被那个时代充斥的伪善潮流裹挟？"因为伪装是本世纪最突出的特征之一。"（《随笔集》II，XVIII，454）"有些人向世界假装自己相信那些其实并不相信的事；更多的人甚至自欺欺人，自以为相信，实际上却根本不知道什么是信仰。"（《辩护》，152）

蒙田显然既不属于前者，也不属于后者。事实上，当他在自己生前出版的《随笔集》中写下那句声明（后在1595年版本中删去）"我在一切事务上全然服从教会的教义"（《辩护》，266，n.1）时，我们必须正确理解他的表述：这里说的，并非真正意义上的宗教，即"从人走向上帝"（《辩护》，267），而是指"人类社会的维系"（《辩护》，227）。为此，按照蒙田的说法，维系社会秩序的"主要元素"乃是"谦卑、敬畏、服从与温顺"，这些品质要求拥有一个"空无、顺从、谦逊的灵魂"（《辩护》，227），甚至在必要时，要"取消自己的判断，以便为信仰留出更大的空间"。[1]

---

[1] 《辩护》，第238页。在其关于《文艺复兴时期法国文学中理性主义的渊源与发展（1533—1601年）》的深入研究中，亨利·比松（Henri Busson）先生特别指出了数个重要的对照点，表明蒙田的作品是如何凭借其怀疑主义的广度与性质，融入帕多瓦运动（le mouvement padouan）中的。这一怀疑主义运动及蒙田作品的特点，主要体现在三个方面："放弃以理性证明任何与信仰有关的问题，尤其是灵魂不朽的问题；仅以自然界自身的力量解释神迹与奇事；将宗教视为对民众必不可少的约束手段，并将各大宗教创始人视为聪明而幸运的野心家。"（第449页）

古人早已踏上了这条有益的道路："有些事情，他们是为了公共社会的需要而书写的，例如他们的宗教，这是合理的……柏拉图在《理想国》中直言不讳地说，为了人类的利益，往往需要对他们施以欺骗。"(《辩护》，246）效仿他们的做法，蒙田也心安理得地、问心无愧地写下："既然由于人的不足，他们无法仅凭真币而感到满足，那么就让假币也派上用场。这个方法历来为所有立法者采用；没有任何政体不夹杂着某种虚假的礼仪，或是某种虚妄的观念，作为缰绳，用以约束人民守法。这也是为什么，大多数国家在其起源和建制上，都镶嵌着虚构的传说，并以超自然的神秘加以装饰。"(《随笔集》II，XVI，405)

出于同样的理由，"为了适应我们的感知，神圣的威仪接受了肉体的界限：那些超自然和天国的圣事，都披上了尘世状态的印记；对神的崇拜，通过感官可见的仪式和语言来表达，因为，信仰与祈祷的主体毕竟是人类。我暂且不谈其他相关论证，但我很难相信，仅仅是我们的十字架与那惨痛受难的画面，教堂中富丽堂皇的装饰与庄严有序的礼仪动作，那些配合祷告而起的庄重歌声，以及所有感官激发的冲动——竟不能在民众心中激起一种极为有益的宗教情感"(《辩护》，249)。这种情感，在蒙田所处的时代显得尤为重要："我们持有的几乎所有观点，都是凭借权威与信任而获取的。这并无大碍：在一个如此虚弱的时代，我们若仅凭自身做抉择，只会更糟。"(《随笔集》III，

笛卡尔与帕斯卡：蒙田的阅读者
Descartes et Pascal : lecteurs de Montaigne

XII，340）

我们再次回到蒙田的经历。不难想象，起初他和拉博埃西一样，对人民大众的屈辱感到愤怒，因为只要他们采取相反的态度，拒绝屈膝，所谓的君主权力就会消失得无影无踪，所有的不公和苦难都会随之消散："决心不再为奴，你们就自由了。"但蒙田历经一切，他观察、反思。他遗憾地目睹了"法国的分裂和我们陷入的纷争"（《随笔集》III，IX，281），选择站在同时具有政治性与宗教性的保守主义立场上，这是一个罪恶较少的立场，面对当时世界的现实，只能说这种选择是非常合理的："我发现我们国家最糟糕的事情就是不稳定"（《随笔集》II，XVII，441）。现在，让我们把目光投向四周；周围的一切都在崩塌；在我们所知的所有大国里，不论是基督教国家还是其他地方，你都会发现显而易见的变化和毁灭性的威胁……占星家不断警告我们巨大变化和动荡即将来临：他们的预言真实可信，我们不必去天上寻求证据。如何在这样的情况下"维持现状，保存希望"，又或者是求助于"统一性……来对抗（国家）解体的趋势"（《随笔集》III，IX，237）？

在经历了这番广泛的探究之后，所有道路似乎都在我们面前关闭了：无论是欲望，还是关于升华与普遍性的梦想，都无法被顺利地移植到彼岸之境。"无论我们被怎样劝诫，无论我们学得了什么，我们都应始终记住：给予与接受的，都是人；是凡人的手向我们递送，是凡人的手接纳了它。"（《辩护》，316）理智要求我们时刻警惕不同层次的混淆；再一次，理智通过普鲁塔克之口发声［《反对斯多葛派的常见观念》（*Des communes conceptions contre les Stoïque*），XVIII］："哲学说，神本质上拥有健康，将疾病仅置于观念之中；而人类则恰恰相反，仅在幻想中拥有幸福，却在本质上拥有痛苦。"（《辩护》，214）然而，对于人的自尊心而言，要接受这种视角差异，却是何其痛苦！在1580年，宗教狂热的巅峰期，又有多少精神能保持足够的自由，不在阅读到以下文字时感到内心受伤呢？"人最坚定地相信的往往是他最无从知晓的；而那些向我们讲述虚构之事的人，比如炼金术士、星相家、命运占卜师、手相师、医生……他们中又有多少人，我若敢的话，真想将那些自命为上帝旨意的阐释者与裁判也一并列入，他们总是妄想为每一个事件寻找原因，窥探神圣意志背后那不可知的动机？尽管现实中事件的变化与不确定性不断将他们从一端抛到另一端，从东方掷至西方，他们却依旧追逐着自己的皮球，并用同一支画笔绘出白色与黑色。"（《随笔集》I，XXXII，278）并且，蒙田在1588年版本中增添的一句话，更是充满了隐约的讽刺："在某个印第安民族中，有这样一种可称道的习俗：每当他们在战斗或其他场合遭遇不幸时，便向他们的太阳神公开请求宽恕，承认自己的行动有失正当，将自己的幸运与不幸都归因于神的理性，并让自身

的判断与推断完全服从于神意。"(《随笔集》I, XXXII, 279)

即便存在天意（Providence），至少可以肯定的是，它并未屈尊将自身的安排置于我们的理智可及之处："只有上帝自身才能认识自己并解释自己的作为。"（《辩护》, 229）

相反，我们的责任则是"按照人的自然状态来度过自己的一生"（《随笔集》III, II, 33）。而蒙田认为自己做到了这点："我十分简单而率直地遵循了那条古老的教诲：让我们遵循自然之道，最高的准则就是顺从自然。"（《随笔集》III, XII, 371）

然而，问题在于如何具体应用这一原则，在这一点上，古代的各学派虽都表示赞同，却又彼此对立，甚至各自内部也存在分歧。若只是要界定哲学的真实面貌，在一处是"愁眉苦脸、阴沉可怖"的，在另一处却是"更为欢快、爽朗、活泼，几乎可以说是嬉戏"（《随笔集》I, XXVI, 206）的。蒙田倒是毫不犹豫："我憎恨那种愤世嫉俗和悲观的灵魂，它们漠视生命中的快乐，只沉溺于不幸之中，如同苍蝇一般，无法停留在光滑平整的物体上，只会停驻于粗糙崎岖的地方；或者像吸取坏血的水蛭那般。"（《随笔集》III, V, 82）而一旦要更进一步，将心理分析与道德规范加以对照，情况便变得复杂：道路交错缠绕变得混乱。

实际上，在这纷乱背后，隐藏着一个双重的历史悖论。一方面，伊壁鸠鲁派伦理的柔弱（至少表面如此），与那些支配万物本性、对人类利益既无关心也无恩宠的"普遍而无可置疑的法则"（《随笔集》III，V，127）之间产生了碰撞；另一方面，斯多葛派所设想的自然界，通过宏观世界与微观个体之间的紧密呼应与内在和谐，使其严厉教义向一种以人为中心的乐观主义倾斜，而蒙田对此欣然同意："自然是一位温柔的向导，但她的温柔并不妨碍她的审慎与公正。我到处追寻她的踪迹。"（《随笔集》III，XIII，447）

然而，劝导人们回归自然的纯粹本真，却并不能真正帮助我们找回自然本身："人为的印记已经将其混淆了；因此，最高的善——无论是柏拉图学派还是逍遥学派所倡导的'按照自然生活'——都变得难以界定与表达；至于斯多葛派的学说，其核心也近似于此，即'顺应自然'。"（《随笔集》III，XIII，447）在这一点上，我们仍然难以避免碰撞上那种自负的教条主义，它阻碍我们认识到："对于我们而言，所谓'顺从自然'，不过是依照我们理智的指引，尽可能地追随理性所能达到的范围；至于超越这一范围的事物，则是怪异而无序的。"（《辩护》，265）实际上，那些试图将我们卷入自身带有"偏见与幻想"（《随笔集》III，V，127）的各个学派，无论在实践领域还

笛卡尔与帕斯卡：蒙田的阅读者
Descartes et Pascal : lecteurs de Montaigne

是在理论领域，都以其内部的纷争与对立暴露了同样的不确定性。"哲学家确实有充分的理由将我们引向自然的法则；但自然本不需要如此高深的知识：他们曲解了自然，赋予了她过于浓烈、过于矫饰的面貌，于是，在这样一个本质统一的主题上，反而产生出多种不同的描述。"(《随笔集》III，XIII，391)

这种多样性必然对蒙田的作品产生了反作用；它推动并在一定程度上解释了蒙田自然主义思想的波动起伏。当涉及那些他最为关切的问题时，我们再次发现蒙田既支持又反对。他并不满足于时而自称斯多葛派，时而自称伊壁鸠鲁派。有时，他希望同时兼具两者，就像塞内卡那样——这位卢西利乌斯的朋友放下了"咄咄逼人的架势"(《随笔集》III，XIII，447)，转而到对立的阵营中自由汲取思想。另一些时候，蒙田又自负地宣称自己既不是斯多葛派也不是伊壁鸠鲁派："既然哲学未能找到一条适用于所有人的安宁之道，那么就让每个人根据自身去寻找吧！"(《随笔集》II，XVI，395)

不仅如此，每个人达到安宁的机会反而与他所花费的努力成反比；他越是减少人为的努力，越是信赖自然本身的自发力量，就越能获得自然赐予的恩惠；而这种恩惠，并不依赖于将自然本身转化为科学知识或理论体系之后才能实现。"我们已经背弃了自然，还妄想教导她如何行事，而其实她原本引领我们走得既顺遂又稳妥。"(《随笔集》III，XII，357）因此，我们大可不必勉力为之："最简单地将自己托付于自然，就是最明智的。"(《随笔集》III，XIII，391）蒙田进一步明确指出："我的哲学存在于行动之中，存在于自然以及当下的实践之中，而非存在于虚构的幻想之中。倘若我能以嬉戏的心情玩弄榛果和陀螺，那正是我所期望的。"(《随笔集》III，V，78）

然而，这种想要回归到孩童时期那种无意识状态的意愿，或说这种渴望，对于一个充满判断力与反思能力的人来说，又意味着什么呢？它又有多少分量？这个人把自己最好的时光都献给了探索历史的遗产，以满足他那始终警醒的好奇心，孜孜不倦地积累着有关谨慎与愚昧、英雄主义与残暴行为的各种奇异事例，用以不断地沉思与反省。那么，这种回归的愿望难道不是《随笔集》作者常常沉溺于其中的那种虚假的谦卑的又一次表现吗？"凡是无法达到那高贵的斯多葛式的无动于衷的人，可以转而投靠我这平民式的迟钝。我努力以自身性情做到那些斯多葛派凭借德行所能做到的事。中间地带孕育风暴；哲学家与乡野之人，也就是处于两个极端的人，都获得了安宁与幸福。"(《随笔集》III，X，317）"质朴的农民是诚实的人，诚实的人又是哲学家，或者以我们当代的话说，是那些天性坚韧、内心清晰的人，同时又因掌握了丰富而实用的学识而更加完善……但就我自己而言，我尽可能地退回到那个最初的、自

笛卡尔与帕斯卡：蒙田的阅读者
Descartes et Pascal : lecteurs de Montaigne

然的位置上——我曾尝试离开过的那个位置，确实徒然。"（《随笔集》I，LIV，398）

蒙田在此夸大其词，当他解释自己的灵魂是如何自我调控时，自己也承认了这一点："那时，我不仅心境平静，而且内心充满了满足与欢愉，正如我平日里最常有的状态，这一半出于天性，一半出于自觉的努力。"（《随笔集》III，XIII，425）这份努力，就是要坚定不移地"始终掌好自己的舵"（《随笔集》II，XVI，399），以此来获得"真正的自由"，而蒙田定义的真正自由，就是："完全能够掌控自身。"（《随笔集》III，XII，353）对此，他还引述了塞涅卡在《致卢西利乌斯书信》第110封中的一句话："最有权力的人，就是能够支配自己的人。"（Potentissimus est qui se habet in potestate.）

从这个角度来看，蒙田与那种纵情沉溺于生命流动的自发性的人是大相径庭的；因为，"生命是一种不均衡、不规则、多变的运动"（《随笔集》III，III，46）。他最初寄托于自然的信任，似乎在他目睹古罗马群众狂热涌向角斗场的场景并为之感到惊骇时，已被严重动摇。他笔下自然流露出一声悲惨的控诉："恐怕是自然本身赋予了人类某种不人道的本能。"（《随笔集》II，XI，139）此外，他还引述普鲁塔克的话，承认"斯多葛派所主张的，即自然本身在其大多数作品中也常常违背正义。"

(《随笔集》III，XIII，388）

蒙田的意图已经超出了单纯的自然主义立场。他以严肃而真诚的态度向哲学致敬，认为哲学"并不认为自己枉费心力，只要它能够将理性重新置于我们灵魂的最高统治地位，赋予理性驾驭欲望的权威"（《随笔集》II，XXXIII，533）。值得注意的是，即便蒙田宣称"无论在行动上还是在言语上，我都只是简简单单地遵循我自然的形态"（《随笔集》II，XVII，418），他却拒绝屈从于人类心中由自然深深植入的最强烈的情感。谈到"父母对子女的情感"时，他明确主张："无论自然的力量多么强大，我们都应始终以理性为准则。"（《随笔集》II，VIII，77）不过，这里的理性，并非那种"充当教条奴仆、受制于奖惩希望的经院式虚假形象"（《随笔集》III，XII，371）。蒙田推崇的理性，是那种在苏格拉底身上得以体现的理性，是能够"不借助外援足以支撑自己，从人类本性中天然生长的理性"，是"由普遍理性的种子根植于一切未被败坏的人心中"的那种理性。（《随笔集》III，XII，371）

最终，自然与理性应当能够相互呼应、彼此补充、相互平衡。难道这不正是普鲁塔克如此卓越的原因吗？"在我所知的所有作家中，他是最能将艺术与自然、判断与学问融为一体的人。"（《随笔集》III，VI，152）而这也正是蒙田会说出这样的

笛卡尔与帕斯卡:蒙田的阅读者
Descartes et Pascal : lecteurs de Montaigne

话的原因:"至于我,出身粗鄙,性情混杂……便沉甸甸地任由自己投入当下的快乐之中,那些既属于人类的法则,又普遍适用于人类的快乐,既以理性为感知,又以感知为理性。"(《随笔集》III,XIII,438)由此便产生了那一双重愿望:愿精神能够唤醒沉重的肉体并让其具有活力,而肉体能够遏止精神的轻浮,使之得到安定。(《随笔集》III,XIII,448)

在实践中,这一双重愿望表现为一种奇特的协调与补偿:"我命令自己的灵魂,以同样有节制、同样坚定的目光来看待痛苦与快乐,但面对痛苦要以坚定而严肃的态度,面对快乐则以坚定而欢快的态度。"(《随笔集》III,XIII,443)而蒙田在步入老年之际,自认为有资格作出这样的见证:"我如今对节制的防备,如同我过去对快乐的防备一样。节制将我过度地拉向后方,几乎接近了迟钝。而我希望在各个方面都能掌握自己。智慧亦有其过度之处,同样需要节制,这并不亚于疯狂。"(《随笔集》III,V,76)

对内在平衡的关切,将蒙田重新引回到了他的起点——一种以良知为基础的道德观,这种道德超越并支配着心理学意义上的意识探讨,然而却又并未与之相矛盾。在这一点上,道德良知与理性本身的地位相似。如果将良知理解为一种外在强加给我们的超验力量,蒙田无疑会首先加以拒斥。"那些我们称之为自然生成的良知法则,其实源于习俗:每个人对周围所认同并传承的观念与风俗怀有一种内在的尊敬感,既无法摆脱而无愧疚,也无法顺从而不感到自得。"(《随笔集》I,XXIII,146)然而,这种出于权威幻觉的良知一旦消失,便让位于另一种良知,那是一种源自我们存在本质深处的良知;而这一转换,正是《随笔集》辩证法的一个根本特征:"尤其是我们这些过着私人生活的人,这种生活只展露在自己眼前的人,更应当在心中建立一个标准,用它来衡量我们的行为,时而自我嘉许,时而自我惩戒。我有我的法庭和法律来审判自己,我更多地依赖它们,而不是他人。"(《随笔集》III,II,30)而且,这种内在法庭之所以更为值得依赖,还因为它反映了每个人"在自身之中发现的一种独有的、自主的形态,这种形态与社会制度,以及与之相反的激情带来的风暴进行抗争。"(《随笔集》III,II,35)

因此,规范的善恶价值将取决于赋予它的灵魂的高度。在《论悔恨》一章中,蒙田有这样一段独白:"我的良知对自身感到满意,但并非以天使或牲畜的良知为准,而是以人的良知为准。"(《随笔集》III,II,29)不过,这里所说的"人",是蒙田自己,一个如他所言"天生属于社会与友谊的人"(《随笔集》III,III,52),但又坚持捍卫不可颠倒的价值秩序。帕斯卡后来会记得在《随笔集》中曾读到这样的句子:"我们应当对所有国王同样地服从与臣服,因为这是针对其职权而言的;但尊

敬与爱戴,却只应给予他们的德行。"(《随笔集》I,III,16)
"我的理性不会屈膝与俯首,屈膝的是我的双腿。"(《随笔集》III,VIII,201)

这是16世纪极少听到的一种声音,尤其珍贵,因为这种对"肉身的尊荣"持独立判断的骄傲态度,同时还伴随着一种慷慨激昂的情感,指向那些似乎无力进行自我保护的存在。"我指责一切针对柔弱心灵的暴力教育,尤其是那种为了荣耀与自由而加之于人的暴力。"(《随笔集》II,VIII,80)这一表态,与一则感人至深的宣言相呼应:"在所有加诸良知的暴力之中,我认为最应避免的是对女性贞洁的侵犯……事实上,这种残酷行为有违法国人一贯的温和天性。"(《随笔集》II,III,35—36)蒙田的目光与关怀进一步扩展:"的确,我们对一切生有感知的生命体,乃至于树木与植物,也应怀有某种敬意与普遍的人道义务。对于人类,我们应施以正义;而对于其他能够感受恩惠的生物,我们则应给予宽容与慈善。它们与我们之间存在着某种交流与某种相互的义务。"(《随笔集》II,XI,141)

从未有哪一次,纯粹以人为本的平衡与和谐理想表达得如此优雅。然而,这种平衡与和谐始终笼罩着一片无可逃避的威胁——死亡,这个"与生存同样本质、同样不可分割的部分"(《随笔集》III,XII,365);或者,更准确地说,死亡是"人生最为显著的行动"(《随笔集》II，XIII，372)。我们不应幻想，在超越生与死之外的某种时间之外，还存在着另一种状态；古人早已说过："梦（幻想）不是理智的教导，而是愿望的产物。"（Somnia sunt non docentis, sed optantis.）[西塞罗（Cicéron），《怀疑者对话集》(*Académiques*)，II，XXXVIII；蒙田，《辩护》，301]这类梦想与希望无法获得任何真正的证明。再一次，教条主义那故作自信的姿态，又一次回应了人类天生的虚荣："人类极力想要延续自身的存在，并为此动用了各种手段。为了保存肉体，他设立了墓葬；为了保存名声，他追求荣耀。"（《辩护》，301）至于灵魂，即使形而上学的幻觉将其建构为一种独立实在，即使唯灵论宣称它是永恒的，并使其脱离肉体，这又有何意义？"因为，按此说法，这将不再是人，也不再是我们，从而也就不再是我们自己能够享有的那种存在了；因为我们是由两大部分构成的，这两部分一旦分离，便意味着死亡与毁灭。"（《辩护》，256）正因如此，根据《福音书》的教义，天选之人的肉体将会复活："基督徒们深知，神圣的正义必将让肉体与灵魂结合，让肉体也得以分享永恒的奖赏。"（《随笔集》II，XVII，419）

然而，即使在这里，"正义"也只是一种说法，一种经不起推敲的说法。蒙田并不认为关于灵魂不朽的道德证明比纯粹的推理证明更有价值。这些问题被提出来，几乎不具有任何争议：

笛卡尔与帕斯卡：蒙田的阅读者
Descartes et Pascal : lecteurs de Montaigne

"既然人的善行和美德是他们自己造成的，那么在人死后，众神又能根据什么样的正义来承认和奖励人的善行和美德呢？既然是他们自己把人塑造成这样一个有缺陷的人，而且只要神明意志一动，就能阻止人的失败，那么他们为什么还要对他的恶行表示不满和报复呢？"（《辩护》，257）此外，还有这样一声震撼人心的呼唤，召唤着不容腐蚀的公平标准："那些谴责法律无能的，也是在谴责自身无能。"（《随笔集》III，IX，278）

死亡是生命进程之中的一部分："你不是因为生病而死，你是因为活着而死亡。"（《随笔集》III，XIII，416）然而，从一般生命的角度看，死亡只是事件链条中的一个自然现象，但对于每一个有意识的个体而言，它却是一个绝对性的否定——它无须等待，早已用它的黑暗包围了我们。"死亡在我们的生活中无处不在，与之交织难分。"（《随笔集》III，XIII，431）这不仅因为它不断侵蚀着我们的肉体，使我们抵抗的力量逐渐消磨殆尽，更因为死亡那无可抗拒的必然性持续向我们的精神施压。"害怕痛苦的人，实际上已经因恐惧而受苦了。"（《随笔集》III，XIII，421）事实上，"对大多数人而言，准备面对死亡带来的痛苦，比死亡本身造成的痛苦更多。"（《随笔集》III，XII，359）

生命对死亡的预演，死亡对生命的投射，在蒙田那里，构成了他对于"主宰之日——评判一切日子的那一日"(《随笔集》I,XIX,98)的真正执念。这种执念可以追溯到他的过往,我们可以在他叙述拉博埃西最后时刻的文字中读到这段朴素而令人动容的叙述,仿佛重现《斐多篇》中的场景:"他握住我的手,说道:'我的兄弟,我的朋友,我确信在我的一生中,曾以同样的艰辛与努力完成过许多事情,如今也以同样的态度面对这一刻。毕竟,说到底,我早已为此做好了准备,我早已将这一课熟记于心。'"随后,"他打断自己,再次嘱咐我:要以实际行动证明,我们健康时所共论的道理,并非仅仅停留于口头,而是深深铭刻在我们的心灵与灵魂之中,愿意在一有机会时即加以践行。他补充说,这才是真正实践我所研习的学问与哲学"。

拉博埃西的祈愿得到了应验;1592年9月,蒙田在临终时是温和而安详的,正如1563年8月他所见证并铭记于心的榜样。然而,在这中间的岁月里,蒙田从未停止过反复思索关于"这个只属于个人的行为"(《随笔集》III,IX,261)的问题。当我们透过《随笔集》看到他不断描绘出死亡的千种"形态",无论是自然死亡还是遭受暴力(《随笔集》III,IX,268),在家中、在旅途中,或是独自一人,或是与人相伴——他构想出无数临终时刻的面貌时,令人不禁联想到伦勃朗为自己绘制的各种服饰与各种姿态的自画像。而在每一种场景背后,人的精神态度也如所处环境般千变万化。

笛卡尔与帕斯卡：蒙田的阅读者
Descartes et Pascal : lecteurs de Montaigne

古代哲学家们致力于"将死亡贬为微不足道之事"，甚至视之为"一剂治疗一切痛苦的良方：它是一个极为安全的港湾，从不值得畏惧，反而往往是值得寻求的"（《随笔集》II，III，27）。他们剥除了使死亡显得可怖的时间厚度："既不属于死亡之前，也不属于死亡之后的事物。"（《随笔集》I，XIV，66）因此有了卢克莱修的两难论证："死亡比虚无还要无可畏惧，如果虚无尚有可畏之处的话……死亡既与生者无关，因为生者尚存；也与死者无关，因为死者已不复存在。"（《随笔集》I，XX，118）蒙田在接受伊壁鸠鲁学派教诲的同时，也吸收了斯多葛学派的观点，但也不忘嘲讽："看着塞内卡为对抗死亡而竭力自勉，那种汗流浃背、保持坚定却在这根杠杆上挣扎了那么久的样子，实在让人忍俊不禁。"（《随笔集》III，XII，345）

他进一步反思：这样的恐惧——害怕"害怕"本身——果真是灵魂力量的真正表现吗？让自己被焦虑支配，是否是某种天真？就像康德在失去他忠实的仆人鲁姆普之后，还特意给自己立下一个告诫："要记得忘记鲁姆普。"事实上，蒙田在一次晕厥中仿佛亲历了死亡，或者至少是"濒死的过程"（《随笔集》II，XIII，376），这反而带给他一种希望："死亡……并不值得我如此大费周章地做出种种准备，召集与动员如此多的援助来支撑其冲击。"但他随即又补充道："不过，无论如何，我

们也无法给自己提供太多的助力。"(《随笔集》II，VI，58)

然而，即便这点保留也最终被蒙田消除了："看看我们眼前那些劳作之后低头垂首的穷苦人们吧，他们既不知亚里士多德，也不识卡图；既无典范，也无教诲；可就是从这些人身上，自然每天都能产生出比我们在学堂里苦心钻研的那些例子更加纯粹、更加坚定的恒心与忍耐。"(《随笔集》III，XII，345)"我从未见过我邻里的农民为如何应对临终时刻而陷入冥思。自然教会他们只有在临死之时才去思考死亡。而在那一刻，他们展现出的从容，比亚里士多德更显得自然有致——亚里士多德在面对死亡时，受到了双重折磨，一是来自死亡本身，一是来自那漫长而痛苦的预想。"(《随笔集》III，XII，361)

因此，死亡的问题最终归结为：将学会死亡纳入学会生活的体系之中，在我们的生命时光与将终结生命的那一刻之间，确立一种完全平衡的意识与心境。"应对死亡最彻底，也最自然的态度，就是不仅能无惊无惧地面对它，而且能无忧无虑地接受它，直至在死亡面前也能继续自由地延续生活的节奏。正如卡图，他在死亡这一暴力而血腥的念头已牢牢盘踞心头时，仍能安然入睡，继续读书学习，仿佛手中握着死亡却泰然自若。"(《随笔集》II，XXI，471)甚至，蒙田将苏格拉底置于更高的位置——在苏格拉底眼中，死亡是"无所谓的"，而对于西塞

笛卡尔与帕斯卡：蒙田的阅读者
Descartes et Pascal : lecteurs de Montaigne

罗而言是"可怕的"，对于卡图则是"让人期待的"。（《随笔集》I，L，385）

这种对死亡的冷静决断反过来也加深了对生命的珍惜与体验："教人如何死亡，就是教会他们如何生活。"（《随笔集》I，XX，112）蒙田拒绝寄希望于肉体衰弱自然带来的精神上的安宁："一种可悲的治疗方式啊——要靠疾病来换取健康。"（《随笔集》III，II，42）在他那里，生命的感受是以全然不同的方式表达出来的："我已使自己准备好在失去生命时无怨无悔，但并非因为死亡令人苦恼和痛苦，而只是因为丧失生命本就属于生命的本性。唯有那些真正喜爱生活的人，才能在临死时毫不懊悔。享受生命，是需要经营与用心的；我比别人更深刻地享受它，因为对生活的体验深浅，取决于我们投入的程度……正因为生命的占有愈加短暂，我便愈要使它更加深刻与充实。"（《随笔集》III，XIII，444—445）

这是一种充满深度，又不断深化的境界，直至那被挑选的时刻降临，使我们得以感受到自己"自由而解脱"，正如"自然将我们带入世间时的模样"（《随笔集》III，IX，253）。一旦摆脱了对自身利益的束缚，不再受制于时间及其流转的分割，人便不再承受蒙田描述的那种"最为痛苦的状态——即在诸事催逼之间徘徊不定，在恐惧与希望之间摇摆不安"（《随笔集》II，

XVII，426）。他也不会再经历那种"未完成状态"，那种使神秘主义者们在炽热的光明中迷失自我，又被引诱回"黑暗之夜"的无尽循环。他与上帝之间不再有任何隔阂——这个上帝也同样超越了那些传统，传统曾屡屡将斯多葛式的虔敬，乃至基督教信仰本身，贬抑至我们"类比与猜测"的可怜水平（《辩护》，247）。在灵魂深处，升起一曲温柔而宁静的颂歌："灵魂衡量着，自己应当多么感恩上帝：感谢他使她的良知平静、内心诸欲安歇；感谢他赐予身体自然的状态，使她得以有节制且充分地享受那些温柔且令人慰藉的机能——正是通过这些，上帝的恩典补偿了他正义之鞭加于我们身上的痛苦。感谢他使她栖居于这样一种境地：无论她投向何方，苍穹总是安宁而明朗；没有欲望，没有恐惧，没有疑虑扰乱她心灵的空气；无论是过去的、现在的还是未来的困难，她的想象力皆能从容超越不受伤害。"（《随笔集》III，XIII，445）

这是意料之外的一页，即便未能彻底颠覆《随笔集》一贯的基调，却也显然与之形成了鲜明的反差；而这一页，足以提醒我们，不要轻易将蒙田的形象封闭在单一框架之中。

笛卡尔

笛卡尔

皮埃尔·梅纳尔（Pierre Mesnard）先生在深入探讨16世纪政治哲学时指出，文艺复兴和宗教改革的每一位伟人，对我们而言都依然是一个谜，并引发诸多争议。令人诧异的是，即便是那位自诩"我站着、躺着、前后左右，以我所有自然的褶皱呈现自己"（《随笔集》III，VIII，213）的人也未能例外。蒙田几乎到了不加掩饰的地步，展现了他个人行为中最琐碎的细节，仿佛他立志要将自己呈现为一个"沉溺于自身影子的纳西瑟斯"（《辩护》，358）。然而，正是他提醒我们："任何高尚的灵魂都不会止步于自我：它总在追求、总在超越自己的极限；它的冲动超越其实际效应……它的追求是无止境的、无形的。"（《随笔集》III，XIII，384）

事实上，《随笔集》本身就可视为一部百科全书式的著作，尽管它可以说是一部反哲学、反神学的"总论"式的文本，但蒙田却悠然自得地在其中收集自己长期阅读的心得体会。仅凭这部作品，读者便可获得对于世界视野和历史时代的广阔认知。同时，蒙田不断反思自己、执着追问"我为何是我"，这个问题包含着他对人类命运的尽力思索和理解。是否如拉博埃西设想的那样，在"我以及所有人之中存在一种自然的力量"（《辩

笛卡尔与帕斯卡：蒙田的阅读者
Descartes et Pascal : lecteurs de Montaigne

护》，315），使我们得以在追寻正义与真理的过程中赋予其积极的意义和内在价值？蒙田笔下的每一行文字都回应着这个永恒问题，而他的解答，却受到一个现实的制约：基督教统一性的崩塌（看似无可挽回），以及再也无法使世界重新回到古希腊与罗马曾经达到的英雄主义与智慧的高度。

在宗教改革与文艺复兴双重失败之后，西方的衰落与文明的丧失似乎已成定局。于是，只剩下两种选择：要么像神学家夏隆（Charron）那样，将《辩护》中怀疑主义的言说与信仰主义的抗辩拼接起来；要么像加拉斯神父（Père Garasse）那样，对蒙田的门徒发动空前猛烈的教条主义攻击，这恰恰印证了蒙田批评的权威本身："自信和固执是愚蠢的明显标志。"（《随笔集》III，XIII，394）

笛卡尔出生于1596年，也就是德·古尔奈小姐（Mlle de Gournay）编辑的《随笔集》最终版出版的次年。随着笛卡尔的到来，那些曾被蒙田贬入虚无的内容——科学的内在真理、理性的无限扩展，以及含有上帝存在的深刻自我意识——突然重新浮现。此时，它们不再如古代那样只是朦胧的预感，也并非是对古人发现的简单复兴，而是真正的发现与牢固确立，最终能够在未来的几个世纪中在精神上激发出真正的进步。在进入论证之前，我们需要明确一点：这一切并不否定蒙田对古代与中世纪虚假知识和幻觉形而上学所进行的合理批判。笛卡尔开始回应蒙田,在其结论中处处与蒙田针锋相对;但那是在他先向蒙田学习、接受其观点之后才发生的。就这样,通过笛卡尔,原本看似不可挽回的衰败突然变成了充满希望的迅速复兴。我们难以想象有比这更具悖论、更具深远意义的转变了——也正因如此,它更值得我们深入探究其背后的动因。

除了在与纽卡斯尔侯爵就"动物机器"问题展开的通信中提及蒙田外,笛卡尔几乎从未在其著作中提到蒙田的名字;但当时的人并不需要明确的提示,便能察觉到两者作品之间的内在关联。当笛卡尔出版三篇法语论文——《屈光学》(«Dioptrique»)、《气象学》(«Météores»)和《几何学》(«Géométrie»)时,他在它们之前加上了一篇法语序言:《论正确运用理性与在科学中寻求真理的方法》(«Discours de la méthode pour bien conduire sa raison et chercher la vérité dans les sciences»),其开篇便援引了蒙田的话:"理智是这个世界上分配得最公平的东西。"(《谈谈方法》,91[①])人们往往将这句话视为笛卡尔思想的一个核心公理,甚至据此预示了他哲学的基本主题。实际上,这只是对《随笔集》中的一句直接引用:"人们常说,自然赋予我们的恩惠中,理性是分配得最公平的一种。"(《随笔集》II,

---

[①] 《谈谈方法》为上文提及的《论正确运用理性与在科学中寻求真理的方法》一书的简称。下文中将继续使用该简称。——译者注

笛卡尔与帕斯卡:蒙田的阅读者
Descartes et Pascal : lecteurs de Montaigne

XVII,442)蒙田接着说:"因为没有人不满足于他所得到的份额。"这种讽刺意味的动机,笛卡尔也继承了下来:"因为每个人都相信自己理性充足,即便在其他方面极难满足的人,通常也不会渴望拥有比自己已有的更多理性。"① (《谈谈方法》,91)

那么,这种对于笛卡尔和蒙田而言构成公正判断实质的普遍性的缺陷究竟从何而来?难道不正是因为人们所走的道路各不相同——更准确地说,人们往往是在不自觉中被迫走上这些道路吗?因此,人们必须回溯自己的思想历程,如《随笔集》作者所做的那样,追溯"自身的思想史",以重新掌握那种分辨真伪的天赋能力——一种本质上是自由的能力,却从童年起便被乳母与教师的虚假权威所左右和异化。

在《谈谈方法》的第一部分中,笛卡尔对拉弗莱什学院(collège de La Flèche)所受教育的反思,与居耶讷学院(collège de Guyenne)当时教学法所受的批评形成了精准的呼应。同样披着尊重的外衣,同样是对学校教条主义的微妙嘲讽,从"自负"开始——那是神学家尤为偏爱的弱点。蒙田曾谴责那种贸然好奇、试图触碰"我们信仰神圣奥秘之书"的行为:"那不是所有人都能学习的内容,而是那些献身于此、被上帝召唤之人的研

---
① 吉尔松(M.Gilson)编辑的《谈谈方法》重要版本,包含了与蒙田《随笔集》之间的文本对照。

究课题"(《随笔集》I，LVI，407)。笛卡尔也写道，若想有资格涉足这门学问，"就必须得到上天的特别助力，而且必须超越常人"(《谈谈方法》，96)。至于"纯属世俗的职业"，我们必须承认："法律、医学和其他科学确实能为这些领域的从业者带来荣誉与财富……而哲学则赋予人以谈论万物的能力，并使他赢得浅见之人的敬仰。"(《谈谈方法》，94)

确实，几乎没有什么比形式逻辑这种充满抽象与僵化的学科更适合欺骗大众并在现实中确立其地位了。心灵被囚于普遍概念的等级秩序之中，而这一秩序主宰着三段论推理的建构逻辑。蒙田早就指出："我们的论述既能建构于虚无之上，也能建构于实在之上。"(《随笔集》III，XI，326)事实上，"我对'人'的认识远胜于我对'动物''凡人'或'理性'的认识"(《随笔集》III，XIII，386)。笛卡尔在其未完成的对话《通过自然之光进行真理的探索》(*La Recherche de la Vérité par la Lumière Naturelle*)一书中，让其代言人欧多克斯(Eudoxe)举出这一例子："如果我问伊皮斯特蒙(Épistémon)什么是人，而他像学院中常见的那样回答：'人是理性的动物'，并进一步解释这两个术语——其本身并不比'人'更清晰——又引我们踏入那些所谓形而上学的层级，那么我们无疑会陷入一个永远也走不出的迷宫。因为这个问题又生出两个问题：第一，什么是动物？第二，什么是理性？而为了解释'动物'，他若回答说它是

笛卡尔与帕斯卡：蒙田的阅读者
Descartes et Pascal : lecteurs de Montaigne

有感知的生命体；生命体是有生命的实体；实体是具有躯体的实物……你马上就会发现，这些问题如家谱树的枝干不断增加，最终所有这些精美的问题都将归于纯粹的空谈，毫无启示，只会将我们困在最初的无知之中。"（《通过自然之光进行真理的探索》，681）

那些"盲目追随亚里士多德"的人所依赖的伎俩，很容易被识破：他们的手法是将注意力从前提上移开，转向对结果的连续推理上。正如笛卡尔在《哲学原理》法文本序言（《致译者的信》）中所写："凡是从一个不显而易见的前提出发推导出的结论，即便推导过程再清晰，其结论本身仍可能是不显而易见的。"（《哲学原理》，424）因此，那种号称至高无上的逻辑体系，其实无法有效地解释或解决现实世界中的问题。只要三段论被当作理性的真正表达方式，思想就将不得不求助于经验，作为恢复人与自然之间联系的唯一途径。这确实是常识性的观点；这一观点的代言人波利安德（Poliandre），也就是《通过自然之光进行真理的探索》①中的第三个对话者，在回顾学院派与皮浪主义者的经典论证时，流露出一丝惊恐。

然而，任何立志追求真理的人都不会在半途止步。笛卡尔

---

① 原书中后续简称《真理的探索》。——译者注

不仅强调感官感知中的多种错误原因，指出不能依赖感官感知，因为人在梦境和清醒状态下，感官会产生相同的即时印象，但这远远不够。为了终结那种退守于中介神学背后的教条惰性，他引入了"恶意的天才"——一个拥有超自然力量的存在，他故意欺骗我们。正是在这种欺骗之下，我们才会笃信凭肉眼所见的太阳和星辰日复一日地运转，才必须将推理延宕于时间之中，而我们的记忆却又无法确保，在我们继续推论之际，起初所接受的命题仍被准确无误地保留着。

那么，我们是否注定要像那种"离开大道、误入捷径，最终困于荆棘与悬崖之间"（《真理的探索》，669）的旅人？放心吧，这种危险只对那些"不了解渡口"（《真理的探索》，679）的人而言才是致命的。确实，是存在"渡口"的。而笛卡尔早在《谈谈方法》出版十八年前，在一场狂热的精神危机中看到了这一点，那场危机照亮了他的整个思想旅程，并改变了西方思想史的命运。

这场争论实际上是一项决定性的抉择——自希腊文明时期以来，数学至上论（由毕达哥拉斯和柏拉图的学派倡导）与逻辑至上论（构成亚里士多德学派威望的根基）。对蒙田而言，这不过是为怀疑论提供了进一步的论据。但对笛卡尔来说，数学之所以令他着迷，正是因为"其推理的确凿与鲜明"，他曾惊讶

笛卡尔与帕斯卡：蒙田的阅读者
Descartes et Pascal : lecteurs de Montaigne

地问道："既然数学的基础如此坚实牢固，为何没有在这上面建构起更高的建筑？"（《谈谈方法》第一部分，95—96）笛卡尔希望通过数学来实现他为自己设定的目标，而这个目标或许正如蒙田在定义智慧时表达的那样："一座坚固而完整的建筑，每个部分都占据应有的位置，标记出自身的特征。"（《随笔集》III，XIII，395）

1619年11月10日，笛卡尔意识到，要实现这一目标，必须同时满足两个条件：第一，彻底净化整座哲学建筑的基础；第二，将建造者从自身的过往中解放出来，因为这段历史并不仅仅属于他个人，还因所受教育的影响而铭刻着过往那些尝试过，即便失败或自相矛盾的痕迹。

第一个条件属于技术范畴。有趣的是，我们在蒙田的《为雷蒙·塞邦辩护》中发现了这个问题，他在其中将各个科学学科的职能进行了分工：几何学从算术中借用了比例概念（《为雷蒙·塞邦辩护》，285）。然而，古代几何为了将算术那种在离散单位间清晰确立的性质应用于连续量，不得不依赖于"对图形的考察"——而这种方式"无法启发理性又消耗大量的想象力"（《谈谈方法》第二部分，103）。笛卡尔为避免这一间接性，提出要创立"现代分析法"，即将代数确立为一门独立的、纯粹理性的学科。这正是他数学思想的核心所在，其代表作为

1637年《几何学》第三卷中提出的方程理论。

在该书中,笛卡尔将两个方程

$x = 2$ 和 $x = 3$

化为简单的标准形式

$x - 2 = 0$ 和 $x - 3 = 0$

他大胆地将两者相乘,得到二次方程

$x^2 - 5x + 6 = 0$

其根显然是2和3。

可以想象,若有人告诉蒙田,那些从常识的角度来看,如此偏离却非常初级的命题,最终引发了我们对人类理性价值的彻底颠覆,并确立了秩序与衡量的法则,获得了不可动摇的地位以及终极的统治,他恐怕会大感意外。然而,事实确凿无疑。逻辑推理在从属关系上是正确的,因为它从属到种,又从种到个体,换句话说,普遍概念的辩证法给自己带来了一种无趣的,甚至是幼稚的满足感,即在结论中发现了前提中已经包含的内容;这种推理无论是新颖性还是创造性,都没有任何价值和意义了。相反,笛卡尔通过代数思维所揭示的清晰而明确的原则,从绝对简单到日益复杂。当方程式进行组合时,我们见证了思想的提升,而不必担心会偏离严格证明所设定的界限。这一点至关重要。

笛卡尔与帕斯卡：蒙田的阅读者
Descartes et Pascal : lecteurs de Montaigne

毕达哥拉斯派与柏拉图学派曾赋予"数"或"形"以超验的外衣，从而背离了他们自身的理想主义；而笛卡尔的数学则揭示并终结了那种几乎根植于语言结构本身的混淆——对"关系"（rapport）与"载体"（support）的混淆。在《谈谈方法》的某一页中——这一段与《几何学》的文本密不可分——笛卡尔解释道：他只在数学中发现了一种真正的"方法"，这种方法能使心灵"以真理为食，而不再满足于虚假的理由"。但他随即补充说："我并不打算因此学习所有那些被称为数学的具体学科；尽管它们的研究对象各不相同，但它们都有一个共同点：只关心其中存在的各种关系或比例。因此我认为最好只对这些比例进行一般性的研究，而不做任何假设（这并不意味着不提出任何假说，而是需要提出代用物或基质），不将其限制于任何特定的对象，以便将来更好地应用于所有适合这些比例的其他对象。随后，我注意到，为了了解它们，有时需要分别考虑它们，有时则需要将它们联合或综合起来，为了更好地分别考虑它们，我认为应将它们设想为一些线条，因为我找不到比线条更简单或更能清晰地在我的想象和感官中呈现的事物；但为了记住或综合它们，我需要用尽可能简短的符号来表示它们。"（《谈谈方法》第二部分，104）

"渡口"已经被发现并被跨越。或者，借用笛卡尔熟悉的比喻——正如他对克里斯蒂安·惠更斯（Christian Huygens）所说的那样：代数是"所有其他科学的钥匙"。确实，随着坐标系的系统化使用，方程与曲线之间的对应关系得以发展，这使我们能够非常准确地确定科学解决问题的方法在任何学科中的意义。关键的一刻——即分析的时刻——在于对陈述中的数据进行分解的过程，通过这种过程可以发现一系列关系，这些关系由于其内在的明显性而无可置疑，正是从这组关系出发，理性的创造力才能依照自身的理解秩序，从内部重构它所试图解释的对象。

方法的框架由此完全确立，并且可以逐步地、逐级地展开，最终覆盖整个知识领域。早在1619年，笛卡尔就已预感到这一点，因为人类思维统一性始终如一，"无论它所处理的对象多么不同，它所受到的影响并不比阳光照耀不同事物时所发生的变化更多"（《指导心灵的规则》[①]1，5）。

令人惊讶的是，一位二十三岁的年轻人竟能构想出如此宏大的计划，并对自己追求的目标与能力了然于心。更令人惊讶的，是他强迫自己反思内心面临的障碍：首先是自身的急躁，想要迅速到达突然开启的目标尽头。他将克服轻率判断视为一

[①] *Règles pour la Direction de l'Esprit*，《指导心灵的规则》，原书中后续简称《规则》。——译者注

笛卡尔与帕斯卡：蒙田的阅读者
Descartes et Pascal : lecteurs de Montaigne

种义务，因为偏见与仓促共同让我们做出不成熟的判断，而这妨碍了心灵的稳定进步。此时，蒙田的影响开始显现：笛卡尔逐渐意识到，这种影响不仅是口头上简单说说的箴言。人的自我超越无法由他人代劳，每个人都必须亲自探索"世界这本书"，用以消除一切偏见（《谈谈方法》第一部分，97）。

当笛卡尔以志愿军身份先后加入拿骚亲王和巴伐利亚公爵的军队时，这位年轻的军官将蒙田的计划付诸实践："没有哪种职业比军旅更令人愉悦，它既是一种高贵的行为……又源自高尚的动机……你身边聚集着那么多贵族，他们年轻而富有活力，你每天目睹无数悲剧性的场面，进行无拘无束的自由交流，过着一种刚健而不拘礼节的生活，参与千变万化的行动……你根据自身的判断与事件的重要性，决定接受特定的工作、投入冒险之中，自愿成为士兵，生命的耗费在其中都成为合理之举。"（《随笔集》III，XIII，423）

笛卡尔正是借用了《随笔集》的写作风格，根据自身经历提炼出蕴含的道德教益："在旅行中，我意识到，那些观点与我们截然相反的人，并非因此就成为野蛮人或未开化之人；相反，许多人运用理性，丝毫不逊于我们，甚至更胜一筹；我还意识到，一个拥有相同心智的人，若自幼在法国或德国家庭中长大，将与他若始终生活在食人族中大为不同……甚至连我们的穿衣风格也是如此，十年前我们喜欢的东西，如今看起来却显得怪诞而可笑；而十年后，我们或许又会重新喜欢上它们。因此，让我们信服的，并非是确定的知识，而是习俗与榜样。"（《谈谈方法》第一部分，101）

蒙田的努力旨在抵抗习俗与榜样的暴政。但对他而言，这一目标似乎注定难以实现。规则是这样的："我们必须维护灵魂的自由，只在正当的场合才将其抵押"；然而，这样的规则无法落地："若我们清醒地加以判断，这样的情况寥寥无几"（《随笔集》III，X，296），确实，少到几乎可以说从未出现。因此，对真理的探索在其自身的设计之中便已耗尽。而笛卡尔转向蒙田积累的智慧宝藏时，却怀有一种积极的雄心壮志；他格外重视行为上保持谨慎，以确保计划最终得以实现。

首先，远离任何关于国家或教会的"新改革"运动。"个人的理性（笛卡尔或许愿意仿照蒙田那样说）只拥有私人领域的司法权。"（《随笔集》I，XVIII，154）然而，即便两人都在言辞上表达了对传统与正统的认同，但两人之间仍存在细微的差别，其实远不止是"细微的差别"。

在《论祈祷》一章的开头，蒙田曾写道："我提出一些模糊而未决的想法……并将其交由那些有权规范我行为、著述甚至

笛卡尔与帕斯卡：蒙田的阅读者
Descartes et Pascal : lecteurs de Montaigne

思想的人评判……我始终服从他们的审查权威，他们对我拥有完全的掌控权。"(《随笔集》I，LVI，403) 而在《谈谈方法》中，笛卡尔解释自己为何在得知伽利略被宗教裁判所谴责后放弃发表《世界论》："我得知那些我敬重之人——其权威在我行动上的影响，几乎不亚于我的理性对我思想的影响——不赞同某位作者不久前发表的物理学观点。对此我不想说自己赞同，但在他们审查之前，我确实没有发现那其中有任何内容会危害宗教或国家，因此，若理性说服我继续写下去，我本就会这样做。"(《谈谈方法》第六部分，133) 这两段话在表述上的差异，对1637年的读者来说，极具启发意义。蒙田因疲惫与失望，似乎准备在放弃外在行为的同时，也放弃内心的认同。而笛卡尔仅仅放弃了实践，他保留理性判断的权利，让理性能够在完全独立的状态下完成自己立下的终身事业："培养我的理性，并按照我为自己拟定的方法，尽可能推进对真理的认识。"(《谈谈方法》第三部分，109)

在"人的各种职业"中，在"尘世最荣耀的大门"之外，笛卡尔做出了他的选择。正是基于这一具有决定性价值的选择，在方法尚未完全结出果实时，也正是为了确保这一方法的正确应用，这位哲学家当下所做的反映出一种态度——这正是蒙田所主张的最终态度：(1) 在道德层面上，始终立身于两个极端之间；(2) 为了抵御时间带来的变化，避免回顾过去，因为过去是悔恨和懊悔的来源；(3)拒绝那些将未来之我束缚于当前自我形象里的承诺与誓言；(4)也就是最后，践行《随笔集》中反复提及的，斯多葛派的睿智格言："始终努力改变我自己，而不是改变命运；改变我的欲望，而不是改变世界的秩序；……并习惯于相信除了我们的思想之外，没有任何东西真正为我们所掌控。因此，当我们已经尽最大努力应对外部事务时，凡是不成功，对我们而言，是绝对不可能的。"①

在笛卡尔为摒弃一切外在影响，使"我"成为纯粹的自我而展开的战斗中，他写道："九年过去了。"(《谈谈方法》第三部分，111)在某种意义上，这段历程将他带到蒙田曾经到达的境界，他利用几何学，对毒害同时代人思想的迷信进行了公正的批判。"至于那些谬误的学说，我对它们已有足够的了解，不再会被炼金术士的许诺、占星家的预言、魔术师的骗局或任何自称比自己知道得更多的人的伎俩欺骗。"(《谈谈方法》第一部分，97)但笛卡尔要从事的，是蒙田未曾想过的："深入地挖掘，直至找到岩石或黏土"(《真理的探索》，679)，在那里可以修建起高楼，正如笛卡尔强调的那样："在一块完完全全属于自己的基地上进行修建。"(《谈谈方法》第二部分，101)

---

① 《谈谈方法》第三部分，第108页，同时可参见《随笔集》II, XVII, 425："既然无法掌控事件，我便掌控自己，若它们不适应我，我便让自己适应它们。"

笛卡尔与帕斯卡：蒙田的阅读者
Descartes et Pascal : lecteurs de Montaigne

这个表述具有代表性，但若忽视一个前提，它便可能被误解：笛卡尔首先通过几何学家的推理来实验自我建构的能力。那些推理步骤是简单而容易的，但几何学家们用来进行最难的证明（《谈谈方法》第二部分，104）。你可以最大限度地怀疑；扰乱常识；让波利安德（Poliandre）——作为常识的代表——全神贯注地怀疑自己是否一生都不过是在做梦："我不仅不确定你是否在这个世界上，地球是否存在，太阳是否存在，甚至不确定我是否有眼睛、耳朵、身体，甚至不确定我是否在和你说话，你是否在和我说话，总之怀疑一切。"（《真理的探索》，680）但你仍无法触及任何事物，无法改变思维从一个方程推进到另一个方程的"连续不断地运动"（《规则》7，25）。这一运动最终可浓缩至一个总体直观中，一眼就能看到整个推理过程，从而避免因时间展开带来的错误风险。推理被转化为直觉，但这种直觉是一种内在于推理本身的直觉，而不是像亚里士多德式的直觉——孤立于推理，并声称为其推理提供原则。笛卡尔明确反对传统意义上的直觉，即静态地关注存在作为存在的抽象或实体在语言层面的幻影，他明确指出，直觉的功能在于关联和判断。"每个人都能通过直觉看到、感受到自己的存在、自己的思维；三角形由三条线连接组成；球体只有一个面。"（《规则》3，12）

为了清晰展示这一通向纯粹理智的转变过程（正是这一过

程奠定了新科学的基础），笛卡尔再次引用几何学的例子，尤其体现在《第一哲学沉思集》[①]《第六个沉思》（*la Sixième des Méditations métaphysiques*）的开头部分："当我想象一个三角形时，我不仅把它理解为一个由三条线组成和限定的图形；而且更进一步，我凭借内心的力量和专注把这三条线呈现在眼前——这正是我所谓的纯粹想象……这种思维方式与纯粹的智力活动略有不同：心灵在构思某个观念时，以某种方式转向自身，并思考它自身拥有的某些观念；而在想象时，心灵转向身体，在其中考察一个与自身已形成或从感官中获得的观念相一致的对象。"（209—210）

如果说解析几何的发现开启了现代数学的时代，如果说它确实意味着感性表象或从感性表象提炼的内容，让位于纯粹理性的创造，那么，当人类思维从数学转向物理学时，是否仍坚持这种态度？也就是说，为了掌握自然，仅仅需要向内观看，而非向外看？这正是笛卡尔所说的方法要求的。这种方法使得"我思"（Cogito）——圣奥古斯丁早已提出这一说法——在笛卡尔笔下，正如帕斯卡说的那样，成为"整套物理学坚实而永恒的原则"[《论说服的艺术》（*De l'Art de Persuader*），193]。

[①] 原文中后续简称《第一哲学沉思集》。——译者注

笛卡尔与帕斯卡：蒙田的阅读者
Descartes et Pascal : lecteurs de Montaigne

从哲学家决定拒绝那种固守前提的教条主义（曾支撑学院派现实主义）之时起，这种做法便显得合理。但我们需要特别注意的是，在《第一哲学沉思集》中，当批判的目标是"理性自我"时，"认知主体"已不再具有《随笔集》中那种将主体等同于感性自我的限制性含义。蒙田列举了我们"感知苹果"的各种经验材料：气味与甜味、红色与光滑度；一旦这些属性的客观性遭到否定，事物本身似乎也随之消散。而笛卡尔追随蒙田的脚步，以蜂蜡为例："一块刚从蜂巢中取出的蜂蜡，还未失去其所含蜂蜜的甜味，依然保留着所采之花的香气。"（《第二个沉思》，171）但笛卡尔的独到之处在于，他并未停留于对感官表象的否定，而是将分析推进至一个清晰可辨的点——正是从这一点出发，他得以构建关于宇宙的理性综合体系。如他所言，"只有我的理解能够领会它"，并非"视觉、触觉、想象……而是纯粹的心灵考察"（《第二个沉思》，173）。这是一种对广延的清晰而明确的直观，正是这种直观，使得我们得以"仅凭大小、形状、位置与运动"来解释自然现象（《哲学原理》IV, CLXXXVII）。

笛卡尔的物理学促进了数学的发展。虽然德谟克利特已提出通过深入探讨物质的基本性质来达到对空间的理解，但他的原子和虚空仍属想象范畴，无法提供理解普遍现象的统一工具。蒙田嘲讽说，"伊壁鸠鲁学派的幻想……认为太阳不比我们眼睛所见大多少"(《辩护》，354)；笛卡尔则借此指出他们依然是感性经验的奴隶。"据说伊壁鸠鲁竟敢断言，与所有天文学家的推论相反，太阳并不比它看起来更大。"〔《哲学原理》法文本序言（《致读者的信》），422〕笛卡尔清楚地意识到，创造一个完全符合机械真理（la vérité du mécanisme）的世界体系是前所未有的任务。他以法国绅士的自豪感记录了这一事实："我不愿做那种只会修补旧作的小匠人，因为他们自知无法开展新的工作。"(《真理的探索》，677)

天才之笔奠定了基础。一方面，只要构成宇宙的运动保持恒量，宇宙就是可理解的；另一方面，当我们对惯性原理的理解透彻，就会明白"在没有外力的情况下，任何事物都保持着它所处的状态"，"每一个运动中的物体都趋向于沿直线运动"（《哲学原理》II，XXXVII—XXXIX，495—496）。

因此，运动依靠自身持续发生，不需要除自身之外的其他原因，前提是其分量与结果之间完全相等——这一事实标志着对于人与自然之间关系的传统解释，发生了根本性的颠覆。在亚里士多德与斯多葛学派那里，物理学受生物学主导，而生物学本身则充满了"猜测与类比"，体现出拟人化倾向。在文艺复兴时期盛行的目的论偏见中，蒙田几乎是不自觉地将自然视为一个具有生命、灵魂与意图的存在；他期待从自然中获得智慧

笛卡尔与帕斯卡：蒙田的阅读者
Descartes et Pascal : lecteurs de Montaigne

的范例与行为的规范。笛卡尔揭示了自然的真实面貌，自此之后，自然受机械力学定律的支配，了解这些定律让我们得以根据自己的需要和愿望来调整现象的进程。

技术进步是我们文明的基本特征之一，这在《谈谈方法》的经典篇章中已有预示："代替学院里教授的思辨哲学的是实用哲学，凭借它，我们可以像了解工匠的各种技艺一样，清楚地了解火、水、空气、星辰、天空和所有其他围绕我们的物体的力量和作用，并以同样的方式加以利用，使其服务于各种相应用途，从而使我们成为自然的主宰与占有者。"（《谈谈方法》第六部分，134）

这还不是全部："英国医生哈维非常成功地发现了血液循环"（《致纽卡斯尔侯爵的信》，大约1645年4月，941），这表明新科学的成果不仅限于探索无机世界的功能。如果我们注意到意大利工程师在自动装置方面所取得的成就，那么生物体行为的复杂性就不再是一个障碍了。《论人》中写道："我们看到钟表、人造喷泉、磨坊以及其他类似机器，这些机器虽由人制造，却能以多种不同的方式自行运作。"

因此，认为那些让蒙田感到惊奇的本能操作实际上是自动机制产生的结果，这种观点完全合理，并且符合笛卡尔倡导的分析方法的精神。

同样，蒙田所在的那个时代，医学与几何学在公众心目中享有同等信任，蒙田对此感到愤慨，这也是能够理解的，但对于笛卡尔打算按照机械模型构建的新医学，则完全是另外的问题。这意味着将医学视为应用几何学。当人们将疾病说成是自然的"腐化"，并无意义；因为"自然"一旦被人格化和实体化，它就只是一种没有现实根基的"称谓"而已。在这一点上，笛卡尔比克劳德·贝尔纳（Claude Bernard）更早打破传统上将生理学与病理学彼此分隔、对立的壁垒。他写道："如同一个由齿轮和重锤构成的钟表，即使制作粗糙、无法准确报时，但也完全符合工匠的愿望，依然严格遵循自然法则；同样地，如果我把人的身体看作一架由骨头、神经、肌肉、血管、血液和皮肤构成的机器，即便这个身体完全不具备灵魂，也能像现在这样在没有意志指导下，单凭器官的布置自行运转。例如，当身体患有水肿时，喉咙会变得干燥，这种干燥原本是向心灵传递'口渴'感觉的信号，但即使没有灵魂参与，身体也会仅凭器官的配置而去调动神经和其他部分，完成饮水的动作。但这样做反而加重病情、损害自身。同样地，当身体没有任何不适时，它也会因类似的喉咙干燥而自然地产生饮水的倾向，以维护自身的健康。"（《第六个沉思》，220）

笛卡尔与帕斯卡：蒙田的阅读者
Descartes et Pascal : lecteurs de Montaigne

建立这样一个世界体系，排除了对超自然的诉求，也否定了自然本身会"失误"的观念。只要方法得当，能够探明其基础，并推导出具体结果，这一体系本身就足以解释一切现象。"数学中有一门我称之为'奇迹科学'的分支，因为它教人如何巧妙地利用技术与光线来展示出所有那些据说只有借助恶魔之力才能由巫师呈现出的幻象。"（《致梅森神父的信》，1629年9月）

这样一门将机械原理严格应用并扩展至类似学科领域的物理学，难道不会为伊壁鸠鲁式的唯物主义复兴铺平道路？从"动物机器"到"人类机器"，似乎只差一步。然而，笛卡尔拒绝迈出这一步。这并不是因为他性格胆怯，不能将自己创建的学说贯彻到底，恰恰相反，他以一种内在的方式引入和证明了机械原理的真实性，而这一方式根植于一种形而上学。这种形而上学不仅可以说是彻底的唯心主义，而且还以前所未有的纯度重新确立了唯灵论这一概念。

在这一点上，我们可以再次援引帕斯卡——他是最具代表性的见证人之一："几乎所有哲学家都混淆了事物的概念，把物体说得像精神的，把精神说得像物质的。他们大言不惭地说：物体向下运动，渴望回到自身的中心，它们逃避毁灭，……大自然具有倾向性、产生共鸣或存在排斥，而这些都是仅属于精神的特性。反之，他们在谈论精神时，却将其视为处于某个空间位置，并赋予它从一个地方移动到另一个地方的能力，而这正是仅属于物体的特性。"（A360，fr.72，357）几乎所有哲学家都是如此。但帕斯卡提出了一个例外，那就是笛卡尔打破这一错误的迷思，清除了经院哲学的幻象，例如对真空的恐惧。帕斯卡反问道："有什么比这更低级、更可笑的呢？"（A393，fr.75，360）笛卡尔只想了解各种源于理性的关系结构，而这些关系结构完全独立于任何感官经验的行为。

笛卡尔革命的意义在于，惯性原理这一决定性发现让物质得以回归自身，同时也让精神回归自身。那些依附于植物灵魂或感官灵魂的模糊概念随之消失；人类的灵魂重新获得本质上的统一性，即理性的灵魂，其固有职能是思考。

从这一角度来看，否认动物拥有灵魂，不过是指出它们缺乏语言，而没有语言，思想就无法有序地发展。虽然，"许多动物在某些行为中显现出比我们更高的技巧"，但本能的行为仍然缺乏理性具有的普遍性。"就像一座钟表，仅由齿轮和弹簧组成，却能比我们凭借全部的巧思更准确地报时与计时。"（《谈谈方法》第五部分，132）正如帕斯卡所言，这正是"令人惊叹的因果链"，笛卡尔在"我思"（Cogito）一词中观察到了，"它证明了物质与精神在本质上的区别"（《论说服的艺术》，193）。

笛卡尔与帕斯卡：蒙田的阅读者
Descartes et Pascal : lecteurs de Montaigne

蒙田对人类理性的挑战取得了胜利。《为雷蒙·塞邦辩护》中那些彼此冲突、互相矛盾的片段，如今被重新排列，准备纳入一个坚实而统一的体系之中。但需要强调的是，笛卡尔之所以能够回应这一挑战，是因为他穿越了怀疑主义的道路。若不首先排除一切来自外部的给定内容，又如何可能从感官或想象的幻象过渡到理性的真理呢？普遍怀疑是理性物理学出现的前提条件。笛卡尔在《第三个沉思》中写道："例如，我头脑中存在两个截然不同的关于太阳的观念：一个来自感官……让我觉得太阳极小；另一个源于天文学的推理，也就是源于某些与生俱来的概念，或者说是在我头脑里形成的某种观念，它让我相信太阳远比整个地球大很多倍。"（《第三个沉思》，180）要使第二个观念被接受为真，就必须对第一个观念加以怀疑；而这种怀疑，又必然预设一个意识到自身存在的"我"，即"我思故我在"（Cogito ergo sum）。

这是一种基本的方法，但并未解决整个问题，反而揭示了其严重性。如果这个"我"仅仅是我的"自我"，那么，它凭什么能够跨越个体所受限制成为支撑万物体系的普遍主体？在转向自我之际，笛卡尔迅速而轻易地展开那些"漫长的推理链条"，用以建构纯粹数学，并将其模式转化应用于广延（空间）与运动的关系之中，用以解释世界的起源——在此，难道他没有背离自己？事实上，笛卡尔越是强调他依赖的"纯粹空间"

概念完全出自内在、具有纯粹理性特质，站在几何学家的立场，我们就越难理解他是如何过渡到一个物理学家必须面对的现实空间的。

这正是笛卡尔理性主义面临的难题；他本人在与伽森迪的争论中也承认这是"对反对意见提出反对"〔《致克勒塞利埃的信》(*Lettre à Clerselier*)，406〕。他绕道采用形而上学甚至宗教的方式去克服这个难题，同时这种迂回的方式让他深入反思自我，并引发一种可以称之为"直觉提升"的体验。

源自"我思"（Cogito）的推动力并没有在"我存在"（Ego sum）中耗尽；这一"我"之中有着某种超越于"我"的部分。正如他所说："首先在我之中产生了无限的概念，即上帝的概念，而不是有限的概念，即我自己的概念。"（《第三个沉思》，186）这一断言在1637年3月的一封信中得到有力阐释，信中谈及《谈谈方法》第四部分中那段关于形而上学的总结："只要在这一思考上停留得足够久，我们就能逐渐获得一种非常清晰的，甚至可以说是直观性的认知，即关于'理性本质'的观念——当我们不加限制地思考它时，它构成了上帝的观念；而当其受到限制时，它就是天使或人类灵魂的观念。"（《笛卡尔作品及书信》，749）

笛卡尔与帕斯卡：蒙田的阅读者
Descartes et Pascal : lecteurs de Montaigne

必须强调的是，上述这种关于无限的直观，作为一种原初的、积极的实在，并非突如其来地出现；它与数学家的经验直接相关：数学家总觉得自己有能力持续进行推理和计算，他只会把空间视为可无限延伸和无限可分的。人通向上帝，并不是因为他在自然现象背后预设了某种超自然力量的因果性，而是因为他意识到自身拥有理解自然的能力。这显然意味着一种本质上的精神原则的内在存在："上帝是看不见摸不着的。"[《哲学原理》法译本序言（《致译者的信》），425]

无限的直观将人类思维与神的思维直接联结起来，构成了笛卡尔证明上帝存在的论证框架，"我思故我在"蕴含的各个阶段也在这一框架内展开，且现在被转移到了绝对的层面。

"我思"在其最初的表现形式中，似乎可以被理解为对一种心理事实的简单记录；但只要我意识到自身内心生活经历的变化，就会察觉到其超越自身的必要性："因为，如果内心中没有一个比自我更完美的存在的概念，就无法通过比较来知道我本性上的缺陷，那么我又如何了解自己的怀疑和期盼，也就是说我到底缺少什么，以及哪里不完美呢？"（《第三个沉思》，186）

我存在（*Sum*，je suis），这一事实意味着从虚无到存在的转换的确发生了。而既然我意识到自身的不完美，我就不得不承认,我不是自身存在的起源。完满的赋予与创造的能力是不可分割的:"如果我独立于任何其他事物,换句话说,如果我从完美的存在那里获得了少量的完美,那么同样地,我就能够赋予自己所缺失的其余部分,因此,我自身即是无限、永恒、不变、全知、全能,并最终拥有我能察觉到的、上帝身上的所有完满属性。"(《谈谈方法》第四部分,115)

因此,"绝对的存在"从"我存在"中显现出来,正如"无限的思想"从"我思"中浮现一样。二者之间建立起一种紧密的联系,自康德以来称这一联系为"本体论证明",即上帝被定义为这样一种存在:只要理解其本质,就不会怀疑其存在。

思维的变化与其研究对象在现实中的变化,这两者之间的一致性,借用了方程与曲线之间的对应模式,并在笛卡尔的上帝那里得以实现;也正是通过上帝,又回到了物理学与生物学的领域。"上帝,他是世间万物的创造者,是真理的源泉,他不会让我们的理智在判断那些非常清晰和明确的事物时出错。"〔《哲学原理》法译本序言(《致译者的信》),425〕

因此,关于"广延"这一概念的清晰性和明晰性,足以让我们相信,无论从无机还是有机的表现形式来看,宇宙的本质与心灵是根本不同的;然而,它又以完全透明的方式展现在心

笛卡尔与帕斯卡：蒙田的阅读者
Descartes et Pascal : lecteurs de Montaigne

灵面前。正是在造物主无限完美的支持下，尤其是在其意志恒定的保障下，心灵才能先验地确立"精确的力学法则"，而"自然始终依照这些法则运行"。

因此，我们有理由说，只要将科学与宗教都重新纳入理性视角之中———一种古代或中世纪从未真正确立过的视角——它们就能够彼此支撑、相辅相成。"尽管我提出的这些原理，自古以来人人皆知，但据我所知，直到现在还没有人承认它们正是哲学的原理；也就是说，从它们出发，可以推导出世间所有其他知识。"〔《哲学原理》法译本序言（《致译者的信》），425〕从这个意义上说，笛卡尔将蒙田《随笔集》中表现出的怀疑精神与悲观主义合法化：历史在某种程度上对自身做出了裁决，为人的心灵通往永恒提供了方法。蒙田的不可知论式反讽为理解笛卡尔做了最好的准备："那些至今为止对所谓'哲学'所知最少的人，反而最有能力去掌握真正的哲学。"〔《哲学原理》法译本序言（《致译者的信》），424〕既如此，我们又何必再去计较那些围绕"至善"概念的争论，以及《为雷蒙·塞邦辩护》中提到的两百八十八个哲学派别呢？只要"依据自然理性，而非信仰之光"来理解，这个"至善"已被明确定义为"通过第一原因获得对真理的认识，也就是智慧；而哲学正是对智慧的探求"〔《哲学原理》法译本序言（《致译者的信》），421〕。

在从思辨走向实践的过程中，笛卡尔的智慧将在两个层面展开，这两个层面对应于《第六个沉思》中"自我"的两种概念：一个是指"我的心灵，指的仅仅是展开思考的那部分自我"（221）；另一个是"完整的自我，由心灵与身体构成的整体"（218）。

值得指出的是，这种"完整的自我"的结构，实际上不过是一种简单的搭配。在笛卡尔的形而上学框架中，并不存在严格意义上的"心灵（灵魂）与身体的结合"。它只能以一种"原初概念"的形式被引入笛卡尔的哲学体系中——这一概念既没有任何先行的原则作为基础，也缺乏足够的论证加以支撑。这种引入，最终迫使哲学家对其哲学方法赖以确立之根基本身，做出一种突然而又屈辱的否认。"关于灵魂与身体结合产生的那些事物，仅凭理智只能模糊地了解，即使加上想象力也同样如此；但通过感官，却能非常清楚地认识它们。"（《致伊丽莎白的信》，1643年6月28日，927）

因此，在这两种本质上持续分离的实体之间，笛卡尔所做的，仅仅是描述它们之间的某种激情与作用的关系——这是一种带有相对性标记的关系，甚至可能会相互转换。根据人自身达到的高度，有时我们会看到，是身体的变化引发了"心灵的激情"；而另一些时候，又似乎是心灵支配着身体的变化。于

笛卡尔与帕斯卡：蒙田的阅读者
Descartes et Pascal : lecteurs de Montaigne

是，医学便成为通往道德的一种路径——但这种医学与蒙田笔下的"医学"完全不同，是一种与血液循环和神经调节现象相关的分析。在这一点上，笛卡尔成为了历史上心理生理学的杰出先驱。

追求精神自主，这正是《随笔集》始终追求的目标。笛卡尔在努力帮助伊丽莎白公主重振心灵的过程中，比任何时候都更清晰地体现了这一灵感的根源所在，他写道："在有理性的人看来，没有任何事件是如此具有灾难性、如此糟糕，以至于找不到任何一个角度将其视为有利的。而殿下可以从命运的种种不幸中获得这样一种普遍性的安慰：这些不幸或许大大促进了心灵的成长，并且它达到了如此高的程度；而这样的成长价值远胜于帝国的财富。巨大的成功常常令人目眩神迷，以至于它们控制了那些拥有它们的人，而非被人掌控；尽管这种情况不会出现在像殿下这样拥有坚定心灵的人的身上，但成功提供的锻炼机会始终少于逆境。我相信，在这个世界上，除了理性之外，没有任何一种善可以被称为真正的善；同样，只要拥有理性，也没有任何恶是不能从中获得某种益处的。"（《书信》，1645年6月，950）

为了将"手段"与目的联系起来，在这个只需"通过生活和日常谈话就能获得教益"（《致伊丽莎白的信》，1643年6月

28日，927）的领域中，笛卡尔再次回到蒙田的路径上，如他自己说的那样："当时我做的不过是在世界各地辗转游历，努力在戏剧舞台中扮演观众，而非演员。"（《谈谈方法》第三部分，110）但这种谨慎保留的态度同时也伴随着一种近乎英雄式的乐观主义倾向，正如1646年1月他写给伊丽莎白的一段话中体现的那样："我之所以说……在这个世界上总是好事多于坏事，是因为我认为，我们对那些不受自由意志支配的外在事物应当少加理会，而应将更多关注放在那些可由我们掌控的事务上，我们总能通过善加利用使它们变得有益；并且也能借助它们阻止一切来自外部的坏事——无论这些坏事多么严重——都不会比看悲剧表演时的悲伤更深入我们的内心。但我承认，要达到这一点，首先需要成为一个极具哲理之人。"（《致伊丽莎白的信》，988）

确实，《随笔集》正是在这个意义上理解和阐释哲学的。尽管笛卡尔乐于强调其审美性质，但这种超然态度，只要它仍停留于判断的形式表达而无法抵达实际的知识与行动内容，就仍是一种无效的胜利。在笛卡尔主义中，理性趋向于无限。哥白尼建立的体系（日心说）在蒙田看来是一种嘲讽，它将人从自我中心的位置中剥离，不再允许人幻想"诸天之外不过是一些想象中的空间，整个天体的存在只是为了服务地球，而地球的存在只是为了人"（《致伊丽莎白的信》，1645年9月15日，

笛卡尔与帕斯卡：蒙田的阅读者
Descartes et Pascal : lecteurs de Montaigne

966）。正如代数由于其自足性被称为"所有其他科学的钥匙"，从实践的角度看，"真正的慷慨"是"一个人对自己的评价达到合法范围内的最高程度"（《论灵魂的激情》III，CLIII，629），就像是"所有其他美德的钥匙"（《论灵魂的激情》III，CLXI，635）。它为一种方法性的进步打开了道路，这种进步既建构了世界体系，也同时建构起人类体系，其出发点正是爱的意志，也就是"这样一种认同：人认为自己已与所爱之物结合在一起，从而设想出一个整体，自身是其中一部分，而所爱之物是另一部分"（《论灵魂的激情》I，LXX，593）。笛卡尔进一步指出："尽管我们每个人都是与他人分离的个体，其利益在某种意义上也有别于世界的其他部分，但人不应以为自己可以孤立存在。事实上，人是宇宙的一个组成部分，更具体地说，是这个地球、这个国家、这个社会、这个家庭的一部分，这种联结可能来自居住地、誓言或出生。人始终应当将自己作为整体的一部分，将整体的利益置于个人利益之上；然而（数学家仍不忘提醒我们）必须适度、谨慎行事。因为，若只是为了给家人或国家带来微小的好处而让自己遭受重大损害，是错误的；若一个人的价值超过了他所在的城市的其他一切，他就没有理由牺牲自己来拯救这座城市。"（《致伊丽莎白的信》，1645年9月15日，966）

最终，正如通过理性建构宇宙一样，人类的建构也超越直接结果，并回归神圣的根源。"我毫不怀疑，"笛卡尔在给查努特致瑞典女王克里斯蒂娜的信中写道："我们确实能够仅凭自然赋予我们的力量去爱上帝。"的确,"人类的认知似乎能够逐步扩展至无限;而上帝的认知本就是无限的,是我们追求的终点(……)如果我们注意到(……),一方面自身的渺小,另一方面所有创造物的伟大,并注意这些创造物以何种方式依赖于上帝,并以某种方式将创造物与上帝的全知全能联系起来,而不是像那些坚持世界是有限的人那样,(认为上帝)将创造物囚禁在一个球体中:对这一切的沉思将使一个真正理解其中奥义的人感受到极度的喜悦。因此,他不仅不会无礼和忘恩负义以及希望取代上帝的位置,反而会因蒙上帝赐福而达到这样的认识而感到此生已然足矣;他十分愿意与神合一,爱他至深,以至于不再渴望世间任何事物,只愿上帝的旨意得以实现。他不再惧怕死亡、痛苦或不幸,因为他知道,自己将遭遇的一切,唯有出于神的决定;他如此热爱神的意志,认为它极为公正与必然,知道自己必须完全依赖它,以至于即便他预见到死亡或不幸,即便能改变这样的结局,他也不愿那样做"。然而,因为怀有根深蒂固的乐观精神,所以笛卡尔对这一绝对化的表达做出修正:"不过,如果说他不拒绝那些出自神意的苦难与磨难,那么他就更不会拒绝此生中一切合法的幸福与乐趣,因为这些也是神所赐;他怀着喜悦之情接纳它们,不再畏惧苦难;他的爱使他感到完完全全的幸福。"(《致克里斯蒂娜的信》,1647年2月1日,1022—1023)

笛卡尔与帕斯卡：蒙田的阅读者
Descartes et Pascal : lecteurs de Montaigne

笛卡尔的大部分评论者都是专业哲学家，他们只是把阅读蒙田的《随笔集》作为业余爱好；而蒙田的评论者通常都是文人，他们对笛卡尔的科学随笔避而不谈。因此，两部作品之间的联系和对立关系并没有得到充分的强调。然而，这涉及文明的一个阶段进入另一个阶段的过程。在某种意义上，宗教改革和文艺复兴源于共同的灵感，这本应使它们能够相互支持，因为它们都致力于重新回归源头的纯粹性。然而，在另一种意义上，它们注定要互相冲突、相互削弱，因为它们的参照基础各不相同，互不兼容。宗教改革试图直接传达基督的话语，其效果如何呢？无非是加强了那座内部已经分裂的房子的诅咒："我在德国看到，因为对路德的观点产生的怀疑而引发的分歧和争论，甚至比他因《圣经》而留下的分歧和争论还要多。"（《随笔集》III，XIII，386）而回归苏格拉底也并不比回归耶稣有更好的结果。"一个人若能诚实面对自己所有那些不完美与软弱，最终意识到人类境况的虚无，那他就不会因任何特殊品质而自负。因为苏格拉底是唯一真正遵循神的教导、去认识自己的人，也正因如此，他最终学会了轻视自己，因此被认为是唯一配得上'智慧者'之称的人。谁若能如此自知，那就勇敢地说出来吧。"（《随笔集》II，VI，68）

无论是从宗教层面还是从世俗层面来看，西欧似乎已然奄奄一息。如果我们认识不到，人类在16世纪乃至整个中世纪犯的错误与罪过正是试图从过去寻找救赎之路，那么，这个死亡的判决将成为最终定论。在这一点上，笛卡尔与伽森迪之间的对话尤其具有启发性："肉体啊，你应当记住，你此刻正是在对一个完全脱离肉体的精神说话——这个精神甚至不知道在它之前是否曾经存在过任何人，因此也就不会在面对他们的权威时发生动摇。"（《〈第一哲学沉思集〉第五个反对意见的答复》III，I，377）

伽森迪仍属于传统哲学学派；他的处境使他必须在亚里士多德式的经院哲学与伊壁鸠鲁的教导之间做出选择。然而，形而上学的实在论始终无法跨越它自身设想出的那一道鸿沟——认识主体与被认识对象之间的距离。据说，亚里士多德本人就曾承认："人类判断的视野依赖于真理，就像猫头鹰视物依赖于太阳光线的强烈程度那样。"（《辩护》，300；参见《形而上学》II，1）唯有唯心主义有能力超越这一障碍，其方式则在于重新界定问题本身的位置。当伽森迪天真地提出"眼睛只有在镜子中才能看到自身"这一类比时，笛卡尔一句简洁而有力的反驳就揭示了新形而上学的全部深意："很容易回答：不是眼睛看见了自己，也不是镜子看见了眼睛，而是心灵（l'esprit）——只有心灵才能认识镜子、认识眼睛，也认识它自身。"（《〈第一哲学沉思集〉第五个反对意见的答复》III，V，381）如此理解之

笛卡尔与帕斯卡：蒙田的阅读者
Descartes et Pascal : lecteurs de Montaigne

下，"心灵"不再是"灵魂的一部分"，而是"整个具有思维功能的灵魂"（《〈第一哲学沉思集〉第五个反对意见的答复》II，IV，373）；当它意识到自身内在拥有的无限资源时，便从这份内在中创造出知识与行动的世界。人类对其创造能力的信心，从未像在《论灵魂的激情》这部笛卡尔临终前一年出版的作品中那样被如此清晰地表达："自由意志在某种程度上使我们像上帝那样，让我们成为自己的主人——只要我们不因懦弱而丧失它赋予我们的权利。"（《论灵魂的激情》III，CLII，629）

这句话值得引发大家的关注，因为在我们看来，布莱兹·帕斯卡的作品恰好处于对立面，构成了我们正在研究的法国思想起源戏剧的第三幕。无论是从宗教还是从世俗的角度来看，现实都试图通过一个丝毫不逊于笛卡尔的天才，来对笛卡尔的唯心主义进行反击，这位天才在（反击的）这一过程中，将引用"无与伦比的、写下《论交流艺术》（*De l'Art de Conférer*）的作者[1]"作为论据，以增强其说服力。

---

[1] 即蒙田。——译者注

帕斯卡

笛卡尔与帕斯卡之间的对立，不仅涉及宗教与哲学之间的关系，也关涉人生的行为准则以及临终时的态度；更令人意外但同样重要的是，这种对立还扩展到了科学实践的方式，而在这个领域，两人同样堪称大师。

在父亲艾蒂安·帕斯卡（Étienne Pascal）的引导下，帕斯卡踏入了由几位伟大数学家——德萨格（Desargues）、费马（Fermat）和罗伯瓦（Roberval）——开辟的研究之路。这些人是笛卡尔的对手，与帕斯卡之间或直接有交往，或通过梅森神父（Père Mersenne）作为中间人进行来往；但他们之间的交流往往充满敌意，缺乏善意。在那些看似琐碎的争论背后，实则潜藏着深层的不合与根本性的分歧，涉及"思想的根本功能"这一问题。笛卡尔自诩已通过建立新方法揭示了"普遍数学"的秘密，其原理可归结为一种分析还原过程，而人类理性的统一性则保证了这种数学的确定性与成果的丰饶。相反，帕斯卡将分析至上视为一种偏见。在他所著的《几何精神论》(*les Réflexions sur l'Esprit Géométrique*) 中，他甚至未将代数列入数学学科的体系之中。他写道："过多的真理令人惊讶：我认识一些人，他们无法理解'0减掉4'仍为0。"（A355，fr.72，353）此

笛卡尔与帕斯卡:蒙田的阅读者
Descartes et Pascal : lecteurs de Montaigne

话几乎暗示,在初等算术中只存在正数。

面对那种试图预设研究方向、划定数学探索边界的"战略性视角",帕斯卡则以一系列逐步展开的"战术性创新"作为回应。这些方法是针对具体研究对象的本质特性量身定制的,因而得以揭示其内在属性。这些属性既不可预测,也无法由已有理论推导而来,而是在天才的灵光乍现中骤然显现,进而开启新的知识分支。例如:他在圆锥截线研究中揭示的"神秘六边形"性质,与德萨格的投影几何理论紧密相关;在排列组合图表的基础上发展出的概率计算方法,则由他与费马共同创立;还有"不可分三角形"的研究,为解决由托里拆利与罗伯瓦尔提出的"旋轮问题"[1]提供了新路径。

可以说,在每一次创新中,帕斯卡都在有意突破笛卡尔设定的理论框架。意味深长的是他在研究旋轮问题后表现出的态度:笛卡尔确信自己已经开辟出一条人人可直接走通的道路,而帕斯卡则认为自己的发现是对全体欧洲几何学家的挑战。顺便指出一个富有启示性的事实:尽管帕斯卡自信是唯一能够攻克几何学中微积分难题的人,这些难题最终却在下一代数学家手中得以解决,而他们采用的正是笛卡尔的分析方法。倘若帕

---

[1] Problème de la Roulette:一种涉及旋转曲线面积与长度的早期积分问题。——译者注

斯卡没有像他的父亲埃蒂安及其圈子那样对代数持有戒心，他本可以借由建立一套适当的符号体系，为"不可分三角形"争取在知识体系中的合法地位——如此，微积分创立者这一荣誉或许就不会落到莱布尼茨与牛顿身上。

数学领域中二人的对立已十分明显，而在物理学层面则发展成了直接的冲突。1646年，帕斯卡了解到托里拆利的"气压实验"，并亲自着手进行有关真空的研究；由此，他投身于一场由来已久的争论之中——这场争论自古便使德谟克利特和伊壁鸠鲁的追随者与亚里士多德和斯多葛学派的门徒彼此对立，为学术上的怀疑主义带来了很大的益处。早在两年前，笛卡尔已在《哲学原理》中明确表态："若我们将'真空'理解为一种毫无实体的空间，则宇宙中显然不存在这种空间，因为空间或内部位置的延展并不同于物体的延展。仅凭物体在长度、宽度和深度上的延展性，我们就有理由断定它是实体；因为我们认为'真空'不可能具有延展性，因此所谓'真空'中若存在延展，就必定存在实体。"（《哲学原理》II，XVI，482）在进一步解释"如何纠正人们关于真空的错误观念"时，他写道："若有人问我们：如果上帝移除了某容器中的所有物体，并禁止其他物体进入，会发生什么？我们将回答：容器的内壁将如此接近，以至于立即会相互接触。因为若两物体之间什么都不存在，它们就必须贴合起来。否则，若它们之间存在距离，而这距离间

笛卡尔与帕斯卡：蒙田的阅读者
Descartes et Pascal : lecteurs de Montaigne

什么都没有，那将是一种矛盾：因为'距离'属于延展的属性，既然无延展之物存在，则距离无从成立。"（《哲学原理》II，XVIII，483）

这无疑是一种最为坚决的论断；但与此同时，也最为大胆地展露出世界体系的教条化结构，乃至暴露出人类心灵与自然现实之间建立联系的根本预设。倘若，如帕斯卡继伽利略与托里拆利之后进行的实验那样，真能为真空假说提供确凿证据——而帕斯卡对此深信不疑——那么，人们是否会得出这样的判断：那条划定现代文明诞生界线的分水岭——一边是经院哲学，另一边是对真理的探求——已将笛卡尔排除在外？那位因为坚持"空间无处不在"的成见而深受其扰的哲学家，反而成了一个违背了自己"避免偏见与成见"原则的例证。

这并不意味着笛卡尔忽视或贬低实验；他确实借助于实验——即使不是为了证明其合理性，也至少用于引出或说明他物理学中的核心概念。例如，弹弓游戏中可直观观察到惯性原理的作用；而被水流带动的稻草在旋转中呈现的运动，也暗示了一种关于涡流的直觉联想，在某种意义上预示了波与粒子的相关性。然而，在笛卡尔看来，经验的功能止步于提出问题，这些问题早已被预设好，将依循理性自身的规则加以解答，而这些规则并不依赖观察所得的数据或意外发现。简而言之，机

182

械论之所以能掌握最终解释权,正因为它一开始就垄断了提出问题的权力。自然遵循力学法则,而人类理性正是凭借事物的全面可理解性,在其中窥见上帝的无限完美。

帕斯卡自其研究开始,便呼吁对"构成真理的因素"的层级秩序进行一次彻底的重组。理性的主张必须让位于经验的教导,而此时的经验,已不再是对各类事实的被动记录——正如蒙田指出的那样,这些事实往往更容易误导理性而非指引它。经验现在呈现出一种全新的面貌:它是一种积极的探究活动,正如培根倡导的那样,总是致力于创造新的方法,借以从表面错综复杂的现象中系统性地分析出某一特定因果链条,并以足够精确的手段测量其效应,从而判断其在宇宙运行中的确切地位。帕斯卡拒绝那种预设永恒框架的先验式构想——无论未来进展如何,知识都被局限于固定模型之中。他向我们展示了一种物理学,它正在探索自身的第一原理——而这些原理将不依赖于任何先验设定,而完全由"经验"本身构成。

帕斯卡无疑承认笛卡尔所言:"大致而言,万物皆由形状与运动构成"(A152,fr.79,361),但此处我们也不妨想起蒙田的话:"所有总体性的判断都是松散且不完备的。"(《随笔集》III,VIII,213)事实上,试图深入细节并"构造其机制",是荒谬的,因为这种尝试既无用又不确定,且极为烦琐(A152, fr.79，361）。《哲学原理》自标题起就显露出一种"巨大的雄心"（A355，fr.72，352），而这份雄心促使其作者不断增添那些（正如帕斯卡写信给诺埃尔神父时讥讽的）"我们根据它们的分量，有时称之为远见，有时称之为任性，偶尔称之为幻想，有时称之为理念，至多也不过是美好的想法"的内容——但这一切都与现实的真理毫无关联，而后者理应成为科学研究的唯一关注焦点。人们记得1647年9月帕斯卡在居所接待了笛卡尔，但在这次会谈中，两人在性格、方法乃至学理立场上的分歧首次明确地暴露了出来。尽管两人都接受了托里拆利提出的"气柱"理论解释，但他们最终还是在"微妙物质"的概念上分道扬镳——这一概念是笛卡尔为了维持其"空间无处不在"的假说特别设想的，而年轻的帕斯卡在心底对这位名声赫赫的哲学家竟能如此郑重其事地讨论这一设想，感到颇为讶异。

然而，即便帕斯卡批评理性在妄图以自身权威确立自然法则时越界，他依然承认理性具备一项不可或缺的基本职能，即从实验得出的原理中推导出合理的结论。理性必须履行此职责，不得带有任何关于光明与阴影、清晰与模糊、明确与混沌的偏见。尽管有些例证看似违背常识，例如："一条细小的水柱能够支撑较大的重量"，但这一现象却是成立的，因为"液体的压力取决于其高度"。这确实是一个悖论，但正是实验的确证取代了纯理性进行的虚幻论断。

因此，为了终结帕斯卡所称的"几何精神"，流体静力学中的悖论将与不可分量计算中的悖论汇合在一起："即便不可理解，事物仍真实存在。无限数。一个无限的空间等于一个有限的空间。"（A322，fr.430，524）

蒙田同样曾被关于"无穷"引发的奇异命题困扰；但作为一个爱好者，甚至可以说是一名"无知者"，他最终得出的结论是：逻辑的绝对性终将导致其自身的瓦解，不留任何残余——仿佛除了教条主义或皮浪式怀疑主义之外，已无其他道路可走。而在帕斯卡看来，情况远非如此简单。"没有哪个几何学家不相信空间可以无限分割；否定这一点，就如同否认有灵魂的人性。"然而，他接着指出，"却没有一个人真正能理解何谓无限分割"（《论几何精神》，178）。为确立这一真理，只能采用迂回的方式，即从反面入手推理。帕斯卡写道："还有什么比这更荒谬？持续地对空间进行分割，最终却得出这样的结论：将其一分为二，所得两部分既不可再分，又毫无延展性，而这两个'零延展'的部分却共同组成了一个具有延展性的空间。"（《论几何精神》，178）

这一反驳逻辑本身，恰恰呼应了另一类认知行为——心灵通过本能进行的直接把握，这便是帕斯卡所说的"心灵与本能

笛卡尔与帕斯卡：蒙田的阅读者
Descartes et Pascal : lecteurs de Montaigne

的认知"。理性必须以此为依托，并据此建构其全部推理体系。"心"能够感知空间具有三维，数的体系是无限的；而"理性"则随后论证，例如，不存在这样的两个平方数，其中一个是另一个的两倍。（A191，fr.282，459）

理性未能实现其设想的理想——即定义一切术语、证明所有命题——这一事实，并不意味着我们会重新回到《为雷蒙·塞邦辩护》中的怀疑主义立场。帕斯卡放弃了理性主义，但转而提出了一种"积极的学说"，甚至比奥古斯特·孔德的体系更有资格被称作"实证主义"。一个有力的例证就是他对概率论的使用：帕斯卡认为，概率是科学理性通往信仰阐释的一条途径，是为基督教启示所做的准备。他写道："如果我们只为确定之事而行动，那我们就不该为宗教做任何事——因为宗教本身并不确定。但人们为不确定之事所作的努力却数不胜数：远航、战争……我们为明天、为未知而努力，而这是合理的；因为按照下注法则（la règle des partis），我们本就该为不确定之事行动。"（A130，fr.234，442）

在处理实践问题时，帕斯卡的立场显然更接近于蒙田熟悉的学术怀疑主义，而在笛卡尔那里这种怀疑只是作为方法论的前提，只是暂时性的。起初，《思想录》与《谈谈方法》似乎在表达上保持一致。笛卡尔断言："只要判断得当，行事就会得

186

当。"(《谈谈方法》第三部分,110)帕斯卡回应道:"让我们努力思考:这就是道德的根基。"[1] 然而,在看似对权威的尊重背后,帕斯卡识破了一种伪装成"谦卑"的教条主义傲慢。如此警醒式的语气引发了奇特的共鸣:"真正让你相信的,是你自己的声音以及持续的理性判断,而非他人的意见……听别人说某件事,远不能成为你相信某事的依据;你应当让自己仿佛从未听说此事那般,再决定是否相信。"(A273,fr.260,453)

然而,正是他对现实世界的观察体验,使帕斯卡对理性判断的自主性产生担忧——他担心,支撑这种判断所需的"素材"其实是不足够的。在他的手稿第169页中,我们读到那句名言:"思想造就了人的伟大"(fr.346,488);但在第277页,他又写道:"本性已然腐化的人,并非依据自身的理性行事。"(A277,fr.439,536)本应主导我们生活的理性,其应有的地位已被"具有欺骗性的力量"篡夺,包括感官、激情、想象与习俗。帕斯卡原打算专辟一章加以论述,并且在措辞风格上也打算重现蒙田式的经典表达。

笛卡尔当然也听取过《随笔集》中的教诲;但在他看来,清除那些源于童年和教育的偏见,只是理性解放的第一步,它

---

[1] A165,fr.348,488.参见蒙田:"是理智在看、在听;是理智在判断一切、安排一切、行动、主宰并统治一切,其他一切皆是盲目、聋哑而没有灵魂的。"(《随笔集》I,26,195)

笛卡尔与帕斯卡：蒙田的阅读者
Descartes et Pascal : lecteurs de Montaigne

将引领人们发现真理与正义的纯粹标准。而帕斯卡则不同。他呼吁一种超越国界与时代更替的统一而普遍的正义观念，但这最终更加凸显出现实世界与这一理想之间的巨大落差。马扎然（Mazarin）统治下的法国并不比凯瑟琳·德·美第奇时代的法国更加可敬。在这一点上，帕斯卡几乎是直接重申了蒙田的见解："单凭理性，没有任何事情本身就是正义的，一切都随着时间而动摇。习俗之所以能造就公平，只是因为它被普遍接受——这就是其权威的神秘基础。谁若追溯它的根源，就等于瓦解它的合法性。"① 帕斯卡写下的那句著名断语，似乎烙印着他自己的洞察力："可笑的正义——竟由一条河界定！在比利牛斯山这边就是真理，而在山脉的那边则变成了谬误。"（A69，fr.294，465）——这话正是延续了蒙田的说法："昨天还是美德的行为，到了明天便不再是了，一条河流便可将其划入罪行？这些山脉以内的真理，到了山脉之外却成了谎言？"（《为雷蒙·塞邦辩护》，338）

如果对政治体制的批判能够促使我们在捍卫内心自由的同时，也维护道德的自由，那将是一件益事。尽管时代潮流往往难以抗拒，蒙田却指出："我们分不清肌肤与衬衣之间的区别。

---

① A69，fr.284，467.参见蒙田："法律之所以维持权威，并非因为它们公正，而仅仅因为它们是法律。这便是它们神秘的权威基础；除此之外，它们再无其他凭借，而这一点却十分有效。法律往往出自愚人之手，更常由那些因憎恶平等而缺乏公正的人制定，但终究总是出自虚荣而优柔寡断的人之手。"（《随笔集》III，13，389）

人们习惯于将粉涂抹于面庞,而忽略了心胸。"(《随笔集》III,X,306)然而,他也意识到自己与同时代的人有所不同:"不幸其实是好事。生于一个极度堕落的时代反倒有利,因为相比之下,你只需稍作坚守,就会被看作是一个品德高尚的人。"①

有那么一刻,讽刺的语调被一种近乎庄严的自我陈述取代。蒙田写道:"感到自己未被这个动荡不安的时代污染,由衷地说:即使有人洞察我灵魂的深处,也不会在那里发现任何因他人的苦难与毁灭而生的罪过,也不会发现报复、嫉妒、公然违抗法律的行为,或是煽动变革、制造混乱的行径,也不会发现我违背过自己的承诺。尽管时代的放纵曾允许并教唆了人们的诸多行为,我却从未将手伸向任何法国人的财产或钱袋,而是始终靠自己的财产生活,无论处于战时还是和平时期;我也从未无偿使用任何人的劳动。这些良心的证言令人欣慰;它带来的自然喜悦,是我们能获得的、永不落空的唯一报偿。"②

---

① 出自《随笔集》II,XVII,428,还可以参见《随笔集》III,IX,217:"时代的腐败是我们每一个人私下贡献的结果:有的人带来背叛,有的人带来不义、背叛、暴政、贪婪、残酷——依其权力之大小而异;弱者则贡献了愚蠢、虚荣、懒惰——我便是其中一员。当作恶之风盛行时,仅仅无所作为,便几乎可称得上是可嘉的了。"
② 出自《随笔集》III,II,30,还可参见《随笔集》II,XVI,397:"人应当为了尽责而从军,并期待那份注定属于一切高尚行为的奖赏——哪怕这些行为无人知晓,甚至只是心中的一个念头;那就是当做了对的事情之后,良心会感受到这件事带来的满足。我们的灵魂不是为了给外人看才去演好自己的角色,而应当在内心深处演出,在那个只有我们自己看得见的地方。"

笛卡尔与帕斯卡：蒙田的阅读者
Descartes et Pascal : lecteurs de Montaigne

帕斯卡本人从未陷入为某种滥权行为辩解的境地。但正是通过尼科尔（Nicole）的记述，我们得以看到他在《论贵族地位的三篇演讲》中如何转述并改写蒙田的思想与典范。这些文章可能是写给年少的舍夫勒公爵（duc de Chevreuse）的，帕斯卡希望引导这位年轻人免于沾染那种因出身而自视高贵的傲慢。他向他传授了"双重思想"的"秘密"（235），这种思想可以防止他将基于人的随意和事物偶然性上"建立的荣耀"误认为是真实的、自然的荣耀。

然而，社会的平衡对世界和平尤为重要，一旦使大众知悉这一"秘密"，其平衡将受到威胁。因此，哪怕蒙田对现行秩序的批判再有根据，他将这种批判公开传播的做法，仍显得不够谨慎。帕斯卡写道："蒙田错了：人们之所以应当遵守习俗，只是因为它是习俗，而不是因为它合乎理性或正义。（……）大众（……）只需遵循这些习俗，但只要有人向他们指出这些习俗毫无意义，他们便极易反叛；通过某些角度可以看到，所有习俗都是如此。"（A134，fr.325，479）

因此，帕斯卡的反思呈现出一种耐人寻味的等级体系，体现了其思想的丰富性与深度："对于结果的理性（思考）。层级递进。普通民众尊敬出身高贵的人；半吊子聪明人却轻视他们，说出身并非人的优点，而只是偶然。真正的聪明人则尊敬他们，但并非出于民众的那种想法，而是出于更深层的思考。有些虔诚者热情有余而学识不足，他们尽管知道聪明人尊敬贵族的理由，却仍轻视这些人，因为他们凭借一束虔敬赐予的新光来判断。但那些真正完善的基督徒，则依据一种更高的光来尊敬他们。如此，不同的见解便在'赞成'与'反对'之间交替变化，视乎人所拥有的光照程度。"（A231，fr.337，485）

在道德家帕斯卡的背后，我们已然看到一位基督徒的身影隐约浮现：一旦部落的偶像被揭穿，人们是否还有可能在内在生命中找到比社会身份更可靠的立足点？帕斯卡向自己提问："'自我'究竟是什么？一个人站在窗前观看路人，如果我刚好经过，我能说他在此是为我而来的吗？不能，因为他并未专注于我。若某人因美貌而爱上另一个人，那他所爱的是这个人吗？也不是，因为天花可以摧毁美貌而不伤及那人本身，于是他就不再爱她了。如果某人因我的判断力或记忆而爱我，他爱的是我吗？也不是，因为我可能失去这些能力，但我依然是我。那么，这个'我'在哪里？如果它既不在身体里也不在灵魂中，我们又如何去爱一个人的身体或灵魂，而不是爱其某些品质？这些品质并不等于'我'，它们是富有变化且终将消失的。说我们抽象地爱一个人灵魂的本质以及其中的品质，那是做不到的，也是不公正的。于是，我们从未真正爱过'一个人'，只是爱上了他们拥有的品质。因此，也不要再讥笑那些因官职或爵位而

受人尊敬的人，因为人们所爱，从来只是那'借来的'品质。"（B375，fr.323，478）

这就解释了为什么理性无法满足它最初引以为豪的理想。斯多葛学派曾言："回归自身之内，你将在那里找到安宁。但事实并非如此。"（A481，fr.465，546）帕斯卡借用了蒙田在《为雷蒙·塞邦辩护》中提出的论证。他写道："世上没有什么比处于完全安宁的状态中更令人难以忍受的了：没有激情、没有事务、没有娱乐、没有投入——人在此时将清晰地感知到自身的虚无、孤立、不足、依赖、无能与空虚。由此，内心深处随之涌现出无聊、阴郁、忧伤、烦躁、怨恨与绝望。"（A47，fr.131，388）

回应斯多葛派，也就回应了笛卡尔。对这两者而言，判断被视为意志的行为，完全操控于人的自由选择之中。笛卡尔认为牺牲可以达到这样的程度，在1645年2月9日《致梅森神父的信》中，他写道："我们可以拒绝追求已知之善，或否认明显的真理，只为了证明意志的自由。"然而，谁不明白这不过是在形式上对人自身能力的抽象滥用？事实上，如果笛卡尔说的意志因为超越了其理解力而表现出它的无限性，那只能存在于错误的情况下——笛卡尔借此试图为上帝"免责"。只有当意志放弃这一虚假的"特权"，完全依理性行事时，它才能真正履行其职能。真正的智慧并不在于"冷漠自由",而在于理性的自由——前者只适用于"软弱的心灵"。

帕斯卡的观点则截然相反。在他看来,意志本身就携带着内容。自亚当堕落之后,意志便不再抽象,成为了一种现实的力量,是自爱本身就带有的快乐原则。"自爱的本质,以及人的'自我',就在于只爱自己、只关注自己。"(《圣伯夫手稿》法文版,100,375)然而,"这是怎样错误的判断啊!竟然没有一个人不把自己凌驾于他人之上,没有一个人不把自己的利益、幸福乃至生命长短,看得比整个世人的还要重要!"(A229,fr.456,542)哲学家们已清楚地证明了这种颠倒是荒谬且不公正的,但他们既未改变世人,也未改变自己。"理性尽管高声疾呼,却无法真正赋予事物价值。"(A361,fr.82,363)正因如此,当埃比克泰德(Épictète)清楚地看到了应走的道路时,也只是对人们说"你们走错了",也指出了另一条应走之路,但却没有带领他们真正走上那条路。(A197,fr.466,546)

从《与萨西先生的谈话》(*Entretien avec M. de Saci*)中我们可以看出,在帕斯卡思想成长的过程中,埃比克泰德曾扮演过类似于蒙田的角色:"伟大的精神导师总是重复强调说,人类一切的研究与愿望,都应是认识并顺从神的意志";然而,他"在明确了应当做什么之后,却又陷入了自以为能够做到的傲慢之中"（149）。从那一刻起，《随笔集》中代表的怀疑主义与悲观主义，若能够克服自身引发的困境——既对救赎的焦虑、对救赎的渴望——它们或许就能够取得胜利。也正是在此，帕斯卡重新振作了起来："尽管我们看清了自身处境的悲惨，我们体内仍有一种本能驱使我们奋起，并最终走向升华。"（A47，fr.411，512）在这个关键时刻，蒙田的怀疑与笛卡尔的确信不疑都受到了质疑。

只需参考帕斯卡做的一条简洁注释："本能与理性，标志着人类两种不同的本性。"（B39，fr.344，487）这一观点，既可获得《为雷蒙·塞邦辩护》的作者蒙田的共鸣，也不违背《谈谈方法》作者笛卡尔的立场——尽管两者的理解截然不同。蒙田致力于揭示动物本能的奇迹与人类理性幻想之间的反差；而笛卡尔则坚持精神（灵魂）与物质（肉体）的二元划分。在他看来，本能也可以一分为二，正如记忆、快乐与爱那样。在《致梅森神父的信》（1639年10月16日）中，笛卡尔研究探讨赫伯特·德·谢伯里（Herbert de Cherbury）的《真理论》，指出："我区分两种本能：一种是我们作为人类的纯粹理智本能，即自然之光或心灵的直觉，我们只应依赖于它；另一种是我们作为动物的本能，是自然对保护我们身体、享受身体快感等赋予的某种冲动——但我们不总是遵循着这种本能。"（《致梅森神父的信》，1639年10月16日，837）

在蒙田与笛卡尔之间，帕斯卡担当起了一种中间人的角色。他欣然接受"动物机器论"，并同意皇港修道院（Port-Royal）的观点，认为这一理论对宗教信仰有利，因为它可以解释为何动物没有灵魂，却不涉及永生的问题。但在理论与实践的层面上，帕斯卡却无法接受一种观点，即将直觉视为与理性同质的且是内在的。他写道："原理是通过直觉领会的，命题则是经由推理获得的。"（A191，fr.282，459）事实上，他指出："我们所有的推理最终都屈服于感觉。"（A130，fr.274，457）这并非无的放矢，因为"判断属于感觉，正如科学属于思维：敏锐是判断的一部分，几何是思维的一部分"。于是，帕斯卡不禁联想到《为雷蒙·塞邦辩护》中那句古老格言，他写道："嘲笑哲学，才是真正的哲学。"（A169，fr.4，321）

这种自诩为哲学但实际上反哲学的讽刺，究竟意在何为？是否意味着一种绝望的姿态——彻底放弃对真与伪、现实与梦幻、善与恶、信仰与怀疑的区分与探求？答案是否定的。帕斯卡的独特之处正是在于，他对哲学自身的否定为基督教信仰的确立扫清了道路，克服了理性因自身的不足而将陷入教条主义的问题。

《思想录》中显现出一种转变：从世俗秩序走向启示秩序，

笛卡尔与帕斯卡：蒙田的阅读者
Descartes et Pascal : lecteurs de Montaigne

这种转向基于个人经验，却并不仅限于帕斯卡的人生境遇。它还涉及他接触的某些人——通过罗阿纳兹公爵的引荐，他结识了梅雷骑士（le chevalier de Méré）和米顿（Miton）。当帕斯卡写道"我不是在蒙田身上，而是在我自己身上，找到了我在其中所见的一切"（A431，fr.64，345）时，我们应当补充说，他也在这些自称为"自由思想"的人身上，重见了蒙田式教诲，这些人是其活生生的化身。两者性格中体现出的反差，正是《随笔集》内部张力的现实映照，而这构成了《随笔集》深层魅力的根源。

蒙田说："所谓正人君子，其实是多面的人"（《随笔集》III，IX，271）；"最优秀的灵魂，是那些最具多样性与灵活性的灵魂"（《随笔集》III，III，46）。没有人比梅雷骑士更符合这一描述了。与"只知几何的几何学家"的罗贝瓦尔相对比，梅雷展现出"精致之人"的典范——至少是一种将"生活的愉悦与礼仪之道"演绎得几近完美的艺术，同时又不失自然与质朴的魅力。在道德和审美方面，他是"高尚品位"的代言人；这种品味"根植于坚实的理性，却常常无需推理和解释"。

在梅雷骑士的陪伴下，帕斯卡走入了体验爱情与世俗野心的全新生活，这段时期通常被称为他人生中的"世俗时期"，是一个重要的发展阶段。其节点尤为关键：帕斯卡是在父亲去世以及妹妹雅克琳进入皇港修道院之后的动荡日子里，与梅雷建立起紧密联系的。事实上，父亲埃蒂安·帕斯卡的去世曾启发他写下了一篇严肃沉重的布道文（1651年10月17日），在文中他回顾自我并写道："若是在六年前我便失去了他，那我也将随之迷失。"确实会迷失——因为彼时他尚未接触到皇港修道院基督信仰的光照；而在那样的境况中，他在自身内部将找不到任何出路，只能在"真正的不幸"与"可憎的享乐"之间做选择。

这还不是全部：1660年8月10日，距离帕斯卡在《纪念册》中写下"完全且温和地放弃"之誓言已近六年，他写信给费马，致歉并解释了自己无法在"克莱蒙与图卢兹之间"与他会面的缘由。信中，他不仅模仿了梅雷骑士的言语风格，更传达了从梅雷骑士那里学到的教训："您是世上最优雅的人之一，而我，无疑也是最懂得欣赏这些优雅的人之一……不过我必须告诉您，尽管我认为您是全欧洲最伟大的几何学家，但这并不是吸引我的理由；真正吸引我的是您在交谈中展现的智慧与诚实，因此我追随您。坦率地讲，我确实认为几何学是最高形式的智力活动；但我也明白它毫无用处，以至于我认为一个'纯粹的几何学家'与一个娴熟的工匠之间并无根本差别。所以我称它为世界上最美的职业，但归根到底，它只是一种技艺。"

如果说梅雷骑士给帕斯卡留下了持久的印象（且先不要说

笛卡尔与帕斯卡：蒙田的阅读者
Descartes et Pascal : lecteurs de Montaigne

"影响"），那么，米顿留给帕斯卡的印象则更加深远。相较于那位喜欢取悦他人、在孤独中回味自己在上流社交场合中的意气风发的正人君子，米顿始终保持着一种警醒的姿态：他虽不排斥"娱乐"，却总能洞察其中的空虚。在写给梅雷的一封信中，帕斯卡借用了蒙田用以描绘自己的话语："当像我们这样的梦想者偶尔遇到一点快乐时，请不要对我们过于苛责。对我而言，我对一切都不满意；若不是偶尔涌现的一些令人开心的想法——其中有些软弱，有些虚荣——我便会将一切看作毫无意义。但这太过悲伤了，因此我们必须加倍努力将自己从中解脱出来。"这难道不是对蒙田那句痛苦自白的回应吗？"也许正是因为我与古人的长久相处，以及对那些伟大灵魂的遐想，使我对他人与自己都生出厌倦。"（《随笔集》II，XVII，444）又如另一句："我不确定自己是否无缘无故地厌倦了这个世界，但我可以肯定，如果世界对我的厌倦比我对它的还要多，那就真的没有任何理由了。"（《随笔集》III，IX，278）

因此，在《思想录》的手稿中，米顿的名字被提及了三次，而梅雷骑士的名字却未曾出现，这并不令人意外。尽管没有确凿证据，但人们普遍推测，米顿在写给梅雷的一封信中提到的"朋友"，很可能指的就是帕斯卡："你告诉我的那位朋友的反应真是令人惊讶：他说他对我所怀的敬意胜过对笛卡尔或柏拉图，这让我忍俊不禁。你还记得我常对他说：'我并不需要你的认同，因为我已将它视作我本来就拥有的财富'吗?"

借助米顿，或至少与他相关，帕斯卡提出了一系列深邃而震撼的问题，它们构成了帕斯卡笔下《思想录》的思想背景——而他也确实要求读者直面这些问题。"我"与"我"之间的关系究竟意味着什么？如何解释，在我之中出现了一个"我"——一个我明知自己未曾选择的"我"，而它本身也未意识到选择了我——将我的思想、情感与行为归咎于我，用以审判我，或宽恕我？又该如何理解这样一种奇异且命定的角色分配：在众多能像我一样说出"我"的人群中，我将永远只是"这个"，而不是"那个"？而这些"我"又仿佛将整个宇宙化为一个梦境，注定要将它拖入自身的虚无之中。"每个人对自己而言，都是一个整体；因为当他死了，对他而言，一切也随之消逝。"（A402, fr.457, 542）

面对这一连串根本性的问题，笛卡尔的处理方式是将其转化为形而上学层面的问题，并试图通过层层推理加以解决。他构建的"思想主体"的灵性意识，意味着存在的根源以及超越纯粹个人的表面界限之外，潜藏着一个"内在的上帝"（Dieu intérieur）。

而帕斯卡尔则将其本来的戏剧性特质重新赋予这些问题：

笛卡尔与帕斯卡：蒙田的阅读者
Descartes et Pascal : lecteurs de Montaigne

"我不知道是谁把我带到了这个世界上，也不知道世界是什么，甚至不知道我自己是什么；我对一切都处于极度的无知；我不了解我的身体、我的感官、我的灵魂，甚至不理解那一部分思考我所说之事、反思一切（包括它自身）但对自身依然一无所知的我。我看见这宇宙中令人恐惧的空间将我包围，而我被固定在这广袤空间的一隅，却不知为何我偏偏在这里而不在那里，也不知为何我得以生存的这一点时间，恰好落在永恒时序中的这个位置，而不是其他任何时刻——在我之前的永恒与在我之后的永恒之间。我看到的，只是四周无尽的无限，把我围困得如同一粒微尘、一道转瞬即逝的影子。我唯一确定的是：我将很快死去，但我最不了解的，却正是那无法逃避的死亡本身。"（B212，fr.194，418）

这种体验是必要的，因为正是在这样的基础上，我们才有可能从信仰的视角认真思考死亡这一关键问题，这是帕斯卡努力引导我们去做的。如果说蒙田一直关注死亡，那是因为他将死亡视作生命过程中内在的一部分；但也正因如此，死亡在他那里变得模糊、致命的虚幻，使生命本身都失去了重量。《随笔集》的作者从未真正对死后的境况做出深入思考。帕斯卡评论道："他的死亡观完全是异教的，无法为之辩护；因为，一个人若不愿以基督徒的方式死去，就必须彻底放弃一切虔诚；然而，在整本书中，他想到的，只是以懦弱无力的方式走向死亡。"[1]

然而，笛卡尔并不这样认为。《第一哲学沉思集》1641年初版的标题宣称，这本书将同时"论证上帝的存在及人类灵魂不朽"。但之后在梅森神父的建议下对这个标题进行了修正。笛卡尔在信中写道："你提到的我未在书中谈及灵魂的不朽性，其实你不必感到惊讶；因为我并不能证明上帝不能使灵魂消亡，我只能证明灵魂的本质与身体完全不同，因此它不会自然地随身体而死——而这一点，已足以为宗教信仰奠定基础；这也正是我打算证明的全部内容。"（《致梅森神父的信》，1640年12月，882）实际上，对笛卡尔而言，灵魂的不朽性主要体现为它对世俗生活的积极肯定，而非像帕斯卡那样，视其为与世俗生活的对立面："我在道德层面上的观点之一是：热爱生活，不惧死亡。"（《致梅森神父的信》，1639年1月9日，818）

这种道德观建立在医学之上。笛卡尔相信，这样的医学不仅能在极大程度上预防疾病的侵扰，而且还能超越纯粹生理层面，向我们揭示情感的运作机制，并以此奠定智慧的伦理基础。正如他在《论灵魂的激情》中写的那样，这种智慧"教导我们

---

[1] A426，fr.63，344。这两个副词（mollement 与 lâchement）借用了蒙田的语言，但他当时的用法却完全不同："我今生最重要的事业，便是安逸地，甚至有些懒怠地度过人生，而不是忙忙碌碌。"（《随笔集》Ⅲ，Ⅸ，221）

笛卡尔与帕斯卡：蒙田的阅读者
Descartes et Pascal : lecteurs de Montaigne

如何完全掌控情感，巧妙地应对它们，使其带来的痛苦变得可以承受，甚至可以从中获得某种愉悦"（《论灵魂的激情》III，CCXII，656）。

笛卡尔的理性主义故意忽略了自我节制，他在这方面走得非常远："人们常犯的错误……不是渴望过多，而是渴望过少。"（《论灵魂的激情》II，CXLIV，624）他在通信中进一步解释道："我并不认为人应摆脱激情；只需让理性加以引导即可。当激情被理性驯服时，有时反而更有助益，因为激情本就倾向于过度……只有软弱和卑微的灵魂才像小小容器，三滴水便已被填满。"（《致伊丽莎白的信》，1645年9月1日和10月6日，965、976）有趣的是，这一类似主题出现在《论爱情的激情》（*Discours sur les Passions de l'Amour*）一书中，这本书可能不是帕斯卡本人所写，但显然受到了帕斯卡的启发。书中写道："一个人的精神越丰厚，其情感也越炽热……我只谈论真正燃烧的激情。在伟大的灵魂中，一切皆呈伟大之姿。"（《论爱情的激情》，124—125）

相反，我们看到在写给伊丽莎白公主的信中，笛卡尔提前反驳了帕斯卡的赌注论："至于死后灵魂的状态，我比德伊格比先生（d'Igby）所知的要少得多；因为抛开教义不谈，我承认，仅凭自然理性，我们完全可以做出许多对我们有利的猜测，并抱有美好的希望，但却没有任何保证。同样地，自然理性也告诉我们，我们今生的好处总是多于坏处，我们不能为了不确定的事情而放弃确定的事情，因此，这让我觉得我们不应该真正害怕死亡，但也不应追求死亡。"（《致伊丽莎白的信》，1645年11月3日，982）

生存的希望不包含任何可怕的反面，也不会引起对未来命运的担忧。在《与康斯坦丁·惠更斯（Constantin Huygens）的通信》中，我们看到笛卡尔在这位挚爱的弟弟去世后提出的"慰藉"方式："关于我们灵魂本性的思考，在我看来，我是如此清楚地意识到，灵魂比身体更为持久，并天生被造以追求远胜于此世所能享有的快乐与幸福，以至于我会设想，那些死去的人已进入了一个比我们更温和、更宁静的世界，而我们终有一日将与他们重逢，甚至带着对过往生活的记忆。因为我在我们之中确实发现一种'智性记忆'（mémoire intellectuelle），它显然是独立于肉体存在的。尽管宗教对这一问题已有诸多教诲，我仍承认自己的弱点，也许这是大多数人共有的弱点：即使我们渴望相信宗教的教义，最终仍更容易被自然理性的明证折服。"（《与康斯坦丁·惠更斯的通信》，1642年10月10日，917）

自1926年起，我们便得以看到这封信的原始版本，由此得知克勒塞利埃（Clerselier）曾擅自对笛卡尔信件的内容作出修

笛卡尔与帕斯卡：蒙田的阅读者
Descartes et Pascal : lecteurs de Montaigne

改并公开发表。在笛卡尔的原文中，他明确指出：人的"天职"是追求永恒的幸福。但克勒塞利埃却以笛卡尔之名增添了以下内容："前提是我们不能因自身的不端而使自己不配享受这一幸福，也不能让自己落入为恶人预备的惩罚之中。"

这一事件本身蕴含的教训不言自明。拒绝承认地狱之苦或天堂之乐二者其一的立场，实质上就是放弃对基督信仰核心问题的理解。在写给姐姐与妹妹的信中，帕斯卡谈及父亲的去世，他写道："苏格拉底和塞涅卡在这种情境下毫无说服力。他们也受到那种蒙蔽所有人的错误的影响，都将死亡视为人类自然归宿；而他们在这一虚假前提下建立的全部言论是如此无力，以至于除了显现其无效之外，毫无作用，反而展示出人类普遍的软弱，因为即便是那些最伟大之人拥有的最高成就，也是如此低微而幼稚。"实际上，若要真正正确地理解这个问题，我们必须已经拥有答案，也就是借由耶稣基督与《圣经》的正典书卷，在圣灵的教导下获得的答案："我们拥有这样一个令人赞叹的优势，那就是真正认识到死亡是出于罪的惩罚，是为赎罪而加之于人的刑罚；这是人类净化罪恶所必需的。死亡是唯一能使灵魂摆脱肉体欲望的途径；如果不经由这种净化，圣人便不会来到这个世界。"

死亡并不是（上帝）创世计划的一部分，并非人在出生时自然而然就获得的结局；这是人类历史上的一次偶然事件，是由人类第一对夫妇的自主行为造成的；他们自愿接受了这一命运，并且不可避免地传给后代，然而，我们无法在这些事件之间找到明确的因果关系。在《为雷蒙·塞邦辩护》中，这一教义似乎自然地源于一般的遗传规律。"这是神圣正义的基础，父亲的过错要惩罚子女；因为父辈的罪恶在某种程度上印刻在子孙的灵魂中，并且他们意志的错乱会影响到子女。"(《辩护》，295) 帕斯卡的辩护拒绝了任何尝试解释的意图："我们既不了解亚当的荣耀状态，也不了解他的罪行的本质，更不了解这种罪行是如何传递给我们的。这些事情发生在一种完全不同于我们当下的自然状态中，超出了我们现有的理解能力。"(B220, fr.560, 583)

这样的坦诚并不是出于对难题的谨慎保留，而是对理性本身发出的挑战。如今的理性已经如此堕落，以至于它所谓的"对正义的渴望"，本身就成为了这种堕落的明证。"第一个人的罪行竟使那些与其相隔遥远的人也沾染其罪，而后者对此毫无关联。毫无疑问，没有什么比这样说更令理性震惊的了：一个尚未有自主意志的婴孩，却因一个发生在他出生六千年前、与他无关的罪行而遭受永恒的诅咒？"(A261, fr.434, 532)

因此，价值观彻底受到颠覆："原罪在世人面前是疯狂的，

笛卡尔与帕斯卡：蒙田的阅读者
Descartes et Pascal : lecteurs de Montaigne

但它就是如此。"（B377，fr.445，537）1654年11月23日夜里，帕斯卡从罪恶的深渊中，在这"疯狂之光"的照耀下，向他的上帝发出了悲怆的呼唤。这是"亚伯拉罕的上帝，以撒的上帝，雅各的上帝"，现在是耶稣基督的上帝，赐予恩典的上帝，在公正与怜悯之间掌握着灵魂命运的上帝。在这个命运转折的时刻，帕斯卡仍想到了笛卡尔，写下了宣称自己与笛卡尔本质上不同的文字："不是哲学家和学者的上帝。"

诚然，笛卡尔与蒙田一样，在行为上始终虔诚地顺从天主教会。他从不认为自己背弃了"哺育他成长的宗教信仰"；相反，他认为自己通过建立一种清晰明了的方法，可以在灵魂的灵性与上帝的神性之间建立亲密的联系，从而为信仰提供支持。然而，事实却是，这种尝试反而标志着信仰与理性、暂时与永恒之间关系的彻底颠倒。笛卡尔毫不含糊地宣称："我们在成为基督徒之前，首先是人。因此，为了忠实于他作为基督徒的信仰，没有人会认真、全心全意地接受任何与他作为人的理性相违背的信条。"（AT版《笛卡尔全集》第八卷，353）

无疑，笛卡尔有时也会远离纯粹理性的"上帝"，转向传统神学中的上帝，例如在《第六个沉思》中，他就是这样做的。但这仅仅是因为，通过这种"拟人化的神圣形象"，他得以绕过因其哲学体系中关于灵魂与身体结合的原初观念带来的困境。

有一次，笛卡尔甚至似乎超出了其惯有的理性主义立场，转而诉诸神意主宰的逻辑，这种逻辑带有不可知论的色彩。在写给梅森神父的信中，他写道："那些你们称之为永恒的数学真理，若说它们独立于上帝，那就等同于说上帝如同朱庇特或萨图尔努斯，被命运和斯提克斯河所支配一样。请不要害怕，请相信并宣称，上帝在自然界中确立了这些法则，正如国王在自己的王国中立法一样。"（《写给梅森神父的信》，1630年4月15日，720）

这一表述在笛卡尔主义的发展史上意义重大，因为它看似背离了他一贯奉行的理性主义立场；但在笛卡尔的作品中，这种说法只是为了削弱当时某些神学家过于轻率的热情。在《第一哲学沉思集》的写作过程中，福音教义并未发挥作用。恶灵假设的提出旨在消除一切关于上帝与人之间存在中介实体的设想。而面对《圣经》的教义和教会的象征——如《圣经》的教导或圣餐的奥秘——笛卡尔并不意图从中汲取灵感，他的目标只是将这些元素整合进他那以理性为核心的新哲学框架中，正如他处理海水潮汐或磁铁原理问题时展示的、灵活性的阐释那样。

笛卡尔祈求上帝确保人类心智的胜利，而帕斯卡则祈求灵

笛卡尔与帕斯卡：蒙田的阅读者
Descartes et Pascal : lecteurs de Montaigne

魂的救赎。这不只是两种截然相反的学说，更是两种文明之间的根本对立。在帕斯卡看来，笛卡尔始终停留在信仰边界之外。他写道："基督徒的上帝不仅仅是几何真理与元素秩序的创造者——那是异教徒与伊壁鸠鲁派所信的神……凡是在耶稣基督之外寻找上帝，止步于自然界的人，要么无法获得令人满足的荣光，要么误以为自己可以不借助任何中介就认识并侍奉上帝，由此陷入无神论或自然神论，而这两者都是基督教所厌恶的。"（B228，fr.556，581）在此，帕斯卡谴责了只追求通过精神进步获得真理的做法。还有什么比这更危险的吗？"他们将真理本身当作偶像来崇拜；因为缺乏仁爱的真理并非上帝本身，而只是上帝的影像，是不应受到爱戴与崇敬。"（A85，fr.582，592）

在此，我们进入了帕斯卡宗教信仰的核心。1652年春，正值其社交生涯的高峰期，帕斯卡出入于小卢森堡一带的上流沙龙，受到仿佛"当代阿基米德"般的热烈推崇。当时，他甚至有机会将自己发明的算术机赠予瑞典女王克里斯蒂娜——这位女王也曾召见过笛卡尔。帕斯卡在信中写道："在我看来，国王对于臣民所拥有的权力，只是思想对于低于他们思想的权力象征。他们行使的是说服的权利，恰如政治统治中行使命令权一样。而这个第二重帝国——即精神的权力——在我看来更加高贵，因为精神比肉体更高尚；它也更加公正，因为它只能凭借个人才能去赢得和维持，而政治权力却往往依赖出身或机遇。"

帕斯卡在退隐时光里回忆起那段光辉的职业生涯，但这一次，是为了将阿基米德的天才置于耶稣基督的圣洁之下，宣告了"第三重伟大"的来临。他写道："有些人只崇敬肉体的伟大，仿佛根本不存在精神的伟大；也有些人只崇敬精神的伟大，仿佛智慧中那种无穷的更为高尚的伟大并不存在。"（A53，fr.793，697）

在《第一哲学沉思集》中，笛卡尔彻底划分了物质与精神的界限，然而，他并未如1652年信件中暗示的那样，并未涵盖整个世界的价值。帕斯卡则进一步指出："肉体与精神的无限距离体现了精神与慈爱之间更加无限的距离；因为后者是超自然的。"（A53，fr.793，695）在精神秩序之上，还存在一种更高的秩序，它超越了人类自身的能力。"一个人若要成为圣人，必须依赖神的恩典；而怀疑这一点的人，便根本不明白圣人和人是什么。"（A453，fr.508，561）

无论是蒙田还是笛卡尔，都不会拒绝对信仰表示赞同，但他们也不认为这在根本上触及了其本性；这更像是一种借口，使他们得以在一种谦卑的人性层面上从事所谓的"灵魂的修养"。萨西先生并未误解蒙田的用意，他承认："神圣的教义理应保持其独立的地位，如同女王与主宰者一般。"（Ⅰ，LⅥ，

409）他援引圣奥古斯丁的话语来阐释自己的观点："既然蒙田在他所说的一切中将信仰排除在外，那么我们这些有信仰的人，也理应将他所说的一切排除在外。"（《与萨西先生的谈话》，155）

笛卡尔同样表达了他对"我们神学"的敬意，并明言自己不会将其内容交由软弱的理性来加以评判。（《谈谈方法》第一部分，96）

理性方法的优越性体现在对真理的逐步征服上；相反，"神圣的启示并不是循序渐进地引导我们，而是一下子把我们提升到无懈可击的信仰"〔《哲学原理》法译本序言（《致译者的信》），421〕。笛卡尔将此铭记于心，向他的一位通信者指出："后天获得的真理与启示的真理之间存在着巨大的差异，因为对后者的认识完全取决于恩典（上帝不会拒绝任何人，尽管恩典并非对每个人都有效），所以最愚蠢、最简单的人也能像最聪明的人一样获得成功……相反，如果不具备比普通人更高的智慧，就不要指望在人文科学领域取得非凡的成就。"（1638年8月的信，795）

在蒙田看来，没有比这种"非凡"的要求更虚妄的了。帕斯卡也同意这一点："要写一篇文章，反对那些过度钻研科学之人——笛卡尔。"（B335，fr.76，360）但他谴责的理由远不止于此。在"后天获得的真理"和"启示的真理"之间，他指出了一个本质的区别：前者止步于陈述的形式，而后者必须在我们内心扎根，形成我们生活的本质；它不仅仅指明道路，还像河流一样，是"前行的道路，把我们带到我们想去的地方"（A439，fr.17，327）。这就是耶稣说的关于他自己的话（《圣约翰福音》第十四章第6节）的含义：Egosumvia, etveritas, etvita（我就是道路、真理和生命）（A197，fr.466，546）。

理性的力量在面对感官和想象力的暴力时显得无力，而这种对立在从理性规范到神圣超越的转变中得到了升华："慈爱和贪欲是如此相似，却又如此相悖。"（A8，fr.663，629）这种自相矛盾的对称性隐含的赞成与反对之间的不断颠倒（A231，fr.328，482），是帕斯卡辩证法的一个基本特征，《论说服的艺术》对此作了精辟的解释："没有人不知道通过以下两种途径，想法会进入到人的灵魂，这两种途径是灵魂的主要力量，即理解和意志。最自然的是通过理解的途径，因为人们本应只接受经过证明的真理；但最常见的途径——尽管违背自然——是意志的途径，因为几乎所有人相信某个观点不是因为证据，而是因为喜好。后者是低级的、可耻的、异类的，因此每个人都否定它。每个人都声称只相信和喜欢那些值得相信的东西。我这里不谈神圣的真理，我不会让它们归于说服的艺术，因为它们远远超越自然：只有上帝可以以他喜欢的方式将它们植入灵魂。我知道他希望这些真理从心里进入灵魂，而不是从灵魂进入心里，如此，理性的骄傲变得谦卑，因为它自以为是选择事物的裁判者，并治愈因肮脏依附而腐化的意志。这就是为什么圣人在谈论人类事物时，不说我们必须先了解它们才能爱它们（这已成为一句谚语），相反，他们在谈论神圣事物时，却说我们必须先爱它们才能了解它们，并且只有通过仁爱才能进入真理，这是他们最有用的箴言之一。"（《论说服的艺术》，185）

要获得先于知识的爱，意味着我们自己必须先被触动。必须是上帝先给予我们恩典，我们才能重新具备将自己献给上帝的能力：这是一个神圣的循环，我们无法打破："'应得'是一个模棱两可的词……上帝必须信守他的诺言。他曾许诺为祈祷者伸张正义；但他只赐福于那些蒙他拣选的子孙。"（A121，fr.513，563）帕斯卡认为，基督教的独特之处在于，允许我们跨越时间的变迁，直接进入神圣的永恒，并证明救赎的道路就在我们面前。圣伯多禄也犯了罪："根据《圣经》，每一种情况，甚至是殉道者，都有值得恐惧的地方。炼狱中最大的惩罚就是判决的不确定性。"（A103，fr.518，564）

然而，有一件事仍然是可能的：我们可以在尘世的道路上努力追随天国的旨意，努力为自己和他人"消除障碍"，本着祈祷和慈爱的精神，尽管无法预设其真实原因，但至少可以模仿其结果。这就是为什么帕斯卡不仅关注内心沉思中的"恩典的行动"，还积极参与教会的斗争，捍卫信仰和道德的完整，反对坏的基督徒，努力将不信教的人转变为信徒。在这些不同的努力中，这位蒙田的忠实读者和笛卡尔的竞争对手始终都是奥古斯丁派的忏悔者。

帕斯卡的天职和作品的价值都源于此，他对此有充分的认识。帕斯卡在其手稿中写道："一个人必须具备这三种品质：怀疑主义者、几何学家和顺从的基督徒，这些品质相互协调、相互补充。"之后他将这一主观表达修改为更为客观的表述："你必须懂得在该怀疑的地方怀疑，在该肯定的地方肯定，并在该顺从的地方顺从。任何不这样做的人都不了解理性的力量。有一些人违背了这三个原则，他们将一切视为绝对确定，缺乏对证明的认识；有些人对一切怀疑，却不知道该在何时顺从；或者又有一些人顺从一切，却缺乏判断的能力。"（A161，fr.268，456）

综合这三种"品质"或"原则"，帕斯卡的思想视角变得更加清晰。笛卡尔要求蒙田消除过时的教条主义的想象力，为新方法铺平道路，新方法能够达到学术大师们无法达到的境界：宇宙的理性、灵魂的精神性、上帝的显现。尽管帕斯卡对笛卡

笛卡尔与帕斯卡：蒙田的阅读者
Descartes et Pascal : lecteurs de Montaigne

尔十分钦佩，但他最终还是放弃了笛卡尔的物理学和形而上学，转而接受了《随笔集》中的怀疑论："一封关于人类科学和哲学的荒谬信件。"（A487，fr.74，359）然而，他不会放弃使用科学的迅猛发展所提供的工具。正如怀疑包含了对"我思"（Cogito）的肯定，这让我们能够摆脱怀疑，帕斯卡也希望他在数学上的发现（其来源都是世俗的）能够帮助我们跨越人类能力的界限，重新发现基督教信仰，并让我们浸润其中。

从这个角度来看，无论他在辩护的边缘或门槛上扮演的角色如何，"赌注论"都具有重要意义。它以对话的形式出现，特别适合某种类型的对话者——一个对世界感到厌倦并难以接受衰老的世俗之人。"你最终能给我什么承诺呢（因为赌注是十年），除了十年的自尊，你尽力取悦却无法成功，此外还有必定会遇到的痛苦？"（A63，fr.238，444）因为需要"消遣"，梅雷（Méré）养成了玩游戏的习惯；也正是因此，他在科学史的边缘占有一席之地：他向帕斯卡提出了一些关于在游戏中断时如何分配赌注的问题，引发了对概率计算的初步研究。1654年，帕斯卡在"巴黎学院"（Académie parisienne）的一次演讲中强调了"几何与概率的惊人结合"。更令人吃惊的是，帕斯卡继续使用同样的语言，保持同样的联系，自以为是地得出结论，认为信仰是必要的："最终你会认识到你押注的是一个确定且无限的事物，而你并未付出任何代价。"（A7，fr.233，441）

论证的目的是将尘世存在的时间与永恒的前景之间的纵向不相称（在永恒的前景中，地狱的痛苦威胁与天国的幸福希望交织在一起），替换为普通经验中对赌注的横向估算。

这个论证是完全正确的，但存在两个前提：一方面，对有关上帝存在或灵魂不朽的形而上学猜测漠不关心；另一方面，将生命价值的系统性贬低，甚至使其接近于无，简言之，如果我们在此指的是梅雷（Méré）的心理，那么米顿（Miton）的心理就更为突出。在此，几何学家只能对怀疑论产生实际影响。因此，帕斯卡将《随笔集》中关于习俗和想象力的怀疑论观点加以利用。当这个不信教之人犹豫不决的时候，帕斯卡向他展示了那些通过机械行为获得救赎的基督徒的例子："一开始就跟随教徒的做法：就好像做一切事情是因为他们原本就信教，比如取圣水、望弥撒，等等。"（A7，fr.233，441）对话继续："这样持续做下去自然而然会让你相信，让你变得愚钝。——但这正是我担心的。——为什么？您有什么可失去的？"（A7，fr.233，441）帕斯卡和他虚构的对话者其实在《为雷蒙·塞邦辩护》中已经可以读到："我们必须变得愚蠢才能变得聪明，必须变得迷茫才能找到方向。"（A7，fr.233，220）他们在《论相貌》一章中听到了这样的呼喊："为了上帝……我们必须开设愚蠢的学堂。这是科学向我们承诺的最终成果。"（《随笔集》

笛卡尔与帕斯卡：蒙田的阅读者
Descartes et Pascal : lecteurs de Montaigne

III，XII，362）因此，"愚钝"成为了"堕落"的反面，是宗教修行的起点，帕斯卡在其中标示了一个渐进的过程。

首先，机器开始"运作"了。而这种自动运行的好处在于，随着灵魂坚持将行为建立到基督教道德观念上，它会逐渐改变："你将成为一位忠诚、诚实、谦逊、感恩、仁慈、真诚和真正的朋友。"（A7，fr.233，441）这是一种内在的更新，《致外省人信札》的作者致力于探索的这种内在更新的真实条件。

让行为还原到其真实意图是一项危险的工作；意志的根源难以发现；仍然存在一片不确定的区域，它既适用于当下，也适用于未来。"圣人细致入微地发现自己是有罪之人，并指责自己最好的行为。而那些人则细致入微地为最恶劣的行为开脱。"（A398，fr.921，746）这就是那些放松警惕的神学家，在他们的手中，道德神学传统变质了："他们放任欲望，保留了顾忌，而实际上应该反其道行之。"（A267，fr.914，743）最让帕斯卡感到不快的是，他们把技巧用在了相反的方向上；他们把自己寄托在概率上，利用概率成为制定政策的工具，这样既冒犯了上帝的法则，也冒犯了人类的法则。他们竞相发明巧妙的方法，以便放松对基督徒良心的严格要求；而且他们声称他们的这些发现逐渐积累成了一种几乎共谋的宽容："每个人可以添加宽容的条款，但没有人可以取消。"（A423，fr.914，743）

然而，不需要深思熟虑就可以发现，由于概率本质上的模糊性，它反过来会对其预期用途产生反作用。它无法保证自身允诺的确定性："如果概率是安全的，圣人们热衷于寻求和实践善行就是多余的。"（A435，fr.917，744）问题接踵而至："概率是否能有所保证？（B352，fr.908，742）难道不是因为世俗的讨好才让你认为这些事情是可能的吗？你会让我们相信这是事实吗？如果决斗的风气不存在，你会认为决斗本身是合理的吗？"（A440，fr.910，743）两句话足以结束争论："虚伪的虔诚，双重的罪恶。"（A398，fr.921，747）

帕斯卡再次加入蒙田和笛卡尔的行列。当帕斯卡写道"经验告诉我们，虔诚与善良之间存在着巨大的差异"（A412，fr.496，556）时，是在提醒自己《随想集》中的这几句话："这种教育对所有政策都是破坏性的，比精妙和细致更有害，它让人们相信，仅靠宗教信仰而没有道德就能满足神圣的正义。实践让我们看到了虔诚与善良之间的巨大区别[1]……在我们之间，这些是我一直认为非常一致的东西：超验的观点和卑鄙的品行。"（《随笔集》III，XIII，449）在《论灵魂的激情》中，笛

---

[1] 出自《随笔集》III，XII，372，还可以参见《随笔集》I，LVI，413："实际上，我们似乎是在把祈祷当作一种行话，就如那些用圣言与神圣词句从事巫术和魔法之事的人一样……因为我们的灵魂充满了欲望，毫无悔改之意，也没有与上帝重新和解的任何念头，却仍用记忆交付给言辞向他祈祷，指望以此赎清我们的罪过。"

笛卡尔与帕斯卡：蒙田的阅读者
Descartes et Pascal : lecteurs de Montaigne

卡尔敏锐地揭露了柏拉图的《游叙弗伦》，也预示了《伪君子》中对塔尔图夫伪善的批判："那些自认为虔诚但实际上只是伪善和迷信的人，他们以为常去教堂、祈祷、剪短头发、禁食和施舍就能变得十分完美，并自诩是上帝的挚友，认为他们的所有行为都不会得罪上帝，即使他们的激情有时会驱使他们犯下最大的罪行，比如：背叛城市、杀害君主、灭绝种族，仅仅是因为这些人不赞同他们的观点。"（III，CXC，646）

道路已经铺好，帕斯卡通过诉诸"正直之人"的仲裁，在《致外省人信札》中取得了非凡的成功，是在世俗的"愉悦"和"劝服"艺术中获取的，但也因此可能导致两种生活观念的相互干扰，而这两种观念之间的决定性分歧是需要强调的。

帕斯卡向他生活的那个社会致敬。"人们从贪欲中建立并制定了卓越的政治、道德和正义规则。"（A465，fr.453，541）但这对一个基督徒来说是不够的："在人的内心深处，按照《诗篇》作者的说法（诗篇102:14），这种丑陋的深渊只是被掩盖了，并没有被清除。"（A465，fr.453，541）指责变成了直接攻击。"自我（Le moi）是可憎的；你，米顿，你只是掩盖了它，但没有因此消除它。因此，你依然是可憎的。"（A75，fr.455，541）米顿以适当的方式帮助所有人，但他仍保留着将自我"置于一切中心"的不公正原则（A75，fr.455，542）。

"自我意志"是罪恶的根源；只有通过完全否定我们天性中的一切才能将其根除。这不仅仅是"赌注论"提到的那些"有毒害的享乐"和他对妹妹雅克琳所坦白的"世界的疯狂和娱乐"——尽管他一直在"良心的持续责备"下分享这些疯狂和快乐。最危险的诱惑——正因为其无辜性——存在于"上帝使我与之亲密相连的人的温情中"（A104，fr.550，573）。

蒙田写道："我非常愿意寻找行善的机会，并把别人吸引到我身边：我觉得不需要再有更温和的方式使用我们的手段……如果我的命运让我在世人中占据某个位置，我会渴望被人爱。"（《随笔集》III，IX，248，n.3；249）

笛卡尔则区分了依赖于"精神变动"的身体之爱（激情）和源于"使灵魂愿意与她认为好的事物结合"的爱（II，LXXXIX，593）。但当笛卡尔似乎依赖思想的无限扩展来理解全人类并由此获得通向上帝的自由通道时，他背叛了仁慈的神秘性。帕斯卡反驳道："如果上帝不是原则，他就不可能成为目的。你向上看，但却伫立于沙子之上；大地将崩塌，在仰望天空的时候，你也会跌倒。"[《盖里耶第二手稿》（*Deuxième manuscrit Guerrier*），fr.488，554]帕斯卡严格地遵循这种超自然禁欲主义的逻辑。

笛卡尔与帕斯卡：蒙田的阅读者
Descartes et Pascal : lecteurs de Montaigne

他不仅认为我们不应该以被爱的希望去爱，还认为我们甚至应该防止表现得和蔼可亲。因此，吉尔贝特·佩里埃[①]在病人最后的岁月里对其备加关心，以缓和他的情绪，但遭到病人系统性的"拒绝"，对此她感到惊讶。在她弟弟去世后，她通过阅读他阐述自己行为秘密的"小论文"，明白了自己为何会遭到"拒绝"；只要蒙田还活在他的内心，我们就能想象到这份最亲密的笔记，它借用了帕斯卡在蒙田《随笔集》中发现的特有表达方式作为回应："即使人们愉快且自愿地依恋自我，这也是不公正的。如果我让他们产生这种愿望，我会欺骗他们，因为我不是任何人的终点，也无法满足他们……如果我吸引人们依恋我，我是有罪的。我必须告诫那些愿意相信谎言的人，不要相信它，不论我能从中得到什么好处；同样，他们不应该依恋我，因为他们必须把他们的生命和精力用于取悦上帝，或寻找上帝。"（A244，fr.471，548）

这才是真正的道德：它要求人憎恨"自身的自负，以及那使他试图将自己置于上帝之上的本能"（A 11，fr. 492，555）。这种道德与"真正的宗教"密不可分——后者教导我们履行本分，认识自身的软弱，并揭示人的骄傲与情欲（A 465，fr. 493，556）。正因为如此，它既为爱比克泰德，也为蒙田的思想提供

[①] Gilberte Perier，帕斯卡的姐姐。——译者注

了正当性；但它又超越了他们，因为它还指出了解决的路径："谦卑与克己"（A 465，fr. 493，556）。

在这一点上，帕斯卡和不信教者（libertin）之间的争论变得更加激烈，后者的好奇心依旧存在。"但是，难道就没有办法看到游戏的背面（事实的真相）吗？——是的，《圣经》，还有其他的，等等。"（A4，fr.233，440）事实上，存在"虚假的宗教"，基督教用摩西的《圣经》和耶稣的《福音书》来证明其启示的真实性。《新约》在时间上起源于《旧约》，而《旧约》从《新约》中获得其意义，这种悖论的关联建立在双重颠覆上：预言颠覆了历史的秩序，奇迹颠覆了自然的进程。既然上帝允许虚假的宗教存在，那么必然存在"模棱两可的"预言（B382，fr.830，712），否则就是虚假的预言。神迹也是如此："如果没有虚假的神迹，就会存在确定性。"（A119，fr.823，708）如果理性的透明性足以引导我们信仰宗教，信仰就会失去其价值。然而，"上帝更愿意影响我们的意志而非思想。完美的明晰将有利于思想而有损于意志。让我们放下骄傲"（A45，fr.581，592）。在这方面，没有什么比蒙田的怀疑更有益的了，"怀疑自己的怀疑，无视自己的无知（《与萨西先生的谈话》，151）……（帕斯卡向萨西先生倾诉）我承认，先生，当看到这位作者用其自身的武器如此不可战胜地击碎了骄傲的理性，并看到人与人之间的惨烈的对抗时，我感到无比欣喜。这种对抗使得人类从

笛卡尔与帕斯卡：蒙田的阅读者
Descartes et Pascal : lecteurs de Montaigne

与上帝的交往中坠落，仅靠其理性原则提升自己，却跌入了兽类的本性"（157）。因此，《随笔集》的世俗批判正好与《圣经》中最深刻、最具决定性的神秘相呼应，即以赛亚和圣保罗宣扬的绝对奥秘得以体现："上帝希望隐藏自己"（A55，fr.585，593）；因为他必须行使基督徒将用来定义他的两种品质，即"他的仁慈和正义"（A227，fr.497，556）。帕斯卡写道："如果不以上帝愿意蒙蔽一些人，启发另一些人为原则，就无法理解上帝的作为。"（A45，fr.566，585）

然而，即便假设帕斯卡准确地理解了神的心理，他的对话者是否会利用这一点，得出应当按神的安排让事情保持现状的结论呢？就像上帝乐于安排一切那样？这些人得到了恩典，那些人却得不到。"被选中的人不知道自己的美德，被拒绝的人不知道自己罪行的严重性。"（A115，fr.515，564）对一个不可理解的意志的判决越尊敬，人们就越不认为自己有能力去纠正其结果。

然而，帕斯卡的传教热情并没有因此消退。他说："那些被定罪的人将面临这样的困境：他们将因自己的理性而被定罪——正是这理性，他们曾用来审判基督教。"（A461，fr.192，414）

人类的智慧被滥用了，因为人们顽固地拒绝理解他们无权解读神圣文本的含义。只有以上帝为唯一目标的仁爱才拥有"解码的钥匙"（A39，fr.681，638）。它驱散了先知预言中固有的模糊性："在这些承诺中，每个人都找到了自己内心的东西，世俗的财富或精神的财富，上帝或创造物。"（A145，fr.675，635）同样，对帕斯卡计划进行的辩护中要证明奇迹时，应该一开始就指出奇迹暗含的循环："开始。奇迹中辨认出教义，教义里辨认出奇迹。"（A235，fr.803，701）

永恒且根本的不确定性反映了神的意志与亚当和耶稣的人类历史之间的神秘联系，在此掩盖下，帕斯卡试图打破不信教者的最后防线："他们说，如果我有信仰，我很快就会放弃享乐。而我告诉你们：如果你们放弃享乐，你们很快就会有信仰。所以该由你们开始。如果我可以，我会给你们信心；但我做不到，因此无法验证你们说的是否属实。但你们可以放弃享乐，检验我说的是否真实。"（A41，fr.240，444）

在手稿中，再次出现了我们期待的名字："米顿清楚地看到人类的本性是堕落的，人与诚实背道而驰；但他不知道为什么他们不能飞得更高。"（A440，fr.448，540）最重要的是，他并没有意识到应该由他自己去寻找答案，他只需跟随帕斯卡，沿着蒙田和圣奥古斯丁未能始终领悟到的道路前进，这条道路将从结果通向原因。

笛卡尔与帕斯卡：蒙田的阅读者
Descartes et Pascal : lecteurs de Montaigne

"圣奥古斯丁看到了人们为了不确定性而工作，在海上，在战斗中等；但他没有看到当事人必须如此的规则。蒙田看到我们对蹩脚的精神感到不快（《随笔集》III，VIII，193），习俗可以做任何事情；但他没有看到产生这一结果的原因。"（A130, fr.234, 443）在宗教层面上也是如此，蒙田"体验到现世的苦难，却不知道最初的尊严，将自然视为无可避免的虚弱且是无法修复的，这使他对实现任何真正的善感到绝望，从而陷入极度的怯懦"（《与萨西先生的谈话》，160）。由于没有受到基督教启示的教导，他没有升华到起源的层面；他没有认识到原罪的遗传性是这出戏剧的中心事件，这出戏剧注定要由救世主按照《以色列书》所预言的时间和形式降临人间，来揭开谜底。

我们试图回避这个问题，徒劳地，我们声称是在为自己伸张正义，觉得自己不配接受上帝为救赎我们而献身。这种反对意见中的"虚假的谦卑"掩盖了骄傲的情绪，怀疑论者无法摆脱这种情绪，但他的怀疑论本身却为他提供了对抗这种情绪的手段。"如果有人说人类太渺小，不配与上帝交流，那么必须是一个非常伟大的人才能做出这样的判断。"（A47, fr.511, 561）帕斯卡在准备为皇港修道院做演讲的时候，坚持认为："令人难以置信的是，上帝竟然把他自己与我们联系在一起。这种看法仅源于我们自身卑微的认知。但是，如果你真正诚实地持有这一观点，那就跟随我走得更远，承认我们确实如此卑微，以至于我们自身无法知道上帝的慈悲是否能让我们有能力接近他。因为我想知道，这个自认为如此弱小的生物有什么权利来衡量上帝的慈悲，并对其设限。他对上帝一无所知，以至于他甚至不知道自己是什么；在看到自己的状况时，他竟敢说上帝不能让他有能力与之交流。"（A322、325，fr.430、525）

这种对宗教真理的迫切召唤让我们回归宗教的真理，这条道路最终通往生命。"成为其中的一部分意味着只通过身体之精神获得生命、存在和运动，且为身体而活。"（A149，fr.483、552）。因此，自然的关联再次出现，但被转换至超自然的秩序中，并根据精神的统一性通过与上帝结合而被神圣化：Adhærens Deo unus spiritus est（"附于上帝者，与神合一"，《哥林多前书》6:17）。帕斯卡引用了圣保罗的话，并在后面作了注释，自我最终与自身和解："人们爱自己，因为他们是耶稣基督的肢体。人们爱耶稣基督，因为他是我们的身体，我们是其中的一部分。万物为一个整体，一个又在另外一个之中，如同三位一体。"（A149，fr.483，553）

这种团体在地球上体现为现实中的教会，由真诚的仆人组成的狭小的亲密圈子。"真正的基督徒很少，我甚至是指信仰方面。"（A244，fr.256，451）帕斯卡引用《列王纪·上》（19:18）

中上帝的话语:"我为自己留下了七千人",并补充说:"我爱世人和先知都不知道的崇拜者。"(A439,fr.788,694)

对于这些人来说,蒙田赞叹的世俗历史前景得以重新审视:"通过信仰的眼睛看到大流士和居鲁士、亚历山大、罗马人、庞培和希律王在不知不觉中为福音的荣耀而行动,是多么美好!"(A485,fr.701,648)他们同时也理解那些内部争斗的决定性价值和无与伦比的重要性,而这些争斗在外部观众眼中只是娱乐和丑闻:"上帝和人类之间存在一种互相的责任。"(A473,fr.843,719)帕斯卡认为,在《致外省人信札》争论最激烈的时候,他侄女的突然康复是"奇迹,宗教的支柱:这些奇迹区分了犹太人,区分了基督徒、圣徒、无知者和真正的信徒"(A343,fr.851,725)。现在,帕斯卡宣称:"根据上帝的职责,一个人隐藏他的错误教义,只显示出好的教义,声称与上帝和教会相一致,并创造奇迹,使一个虚假而微妙的教义在暗中传播:这是不可能的。而了解人心的上帝更不可能为这样的人行使神迹。"(A473,fr.843,721)

出自人之手的考验,从上帝的角度看,是选召的标志。蒙田曾写道:"如我们今日所见一般,神圣的教会被如此多的纷争与风暴所动摇。这正是神圣天意的安排,其目的是通过这种对比唤醒虔诚的灵魂,使他们从那漫长安逸中造成的懒惰与沉睡中苏醒过来。"(《随笔集》II，XV，386）帕斯卡继续谈论这个主题："在一艘被风暴袭击的船上，当人们确信它不会灭亡时，就会感到快乐。教会遭受的迫害也属于此类性质的。"①

这种基督教历史哲学超越了历史本身，并证明了"那些没有读过《圣经》的人，因为他们内在圣洁的倾向，听到的关于我们宗教的言论与这种倾向相符"（A481，fr.286，461）。确实，"是心灵感受上帝，而不是理性。这就是信仰，在心灵中感受到上帝，而不是通过理性"（A8，fr.278，458）。毫无疑问，帕斯卡的世俗朋友在这里会发现他们熟知的语言上的转折。然而，对于他们来说，情感优先的观点没有其他基础，因而在人们的实际应用中，仍然存在争论。"幻想与感觉既相似又相反，因此无法区分这两个对立面。一个人说我的感觉是幻想，另一个人说他的幻想是感觉。"对此帕斯卡指出："应该有一个规则。理性提供了这一原则，但——蒙田已经回答②——它可以屈从于任何感官，因此并不存在理性。"（A130，fr.274，457）至少在简

---

① A202，fr.859，728.蒙田曾以此比喻法国的命运，以强调其不确定性："可怜的船只，被波浪、风暴与舵手拉向彼此对立的方向。"（《随笔集》III，10，313）不过在其他地方，他也短暂流露出一丝希望之光："一切摇摆不定的事物，并不必然倾覆。"（《随笔集》III，9，236）

② 《辩护》（*Apologie de Raimond Sebond*）第318页："我始终称之为理性的是，每个人在内心构筑的那种推理表象：而这种理性，其本质是这样的：关于同一事物，周围可能有上百种彼此对立的理性；理性不过是铅和蜡制成的工具，能够被拉长、弯曲并适配于各种倾向和尺度：差距在于，是否有足够的技艺去随意扭曲它罢了。"

单自然的层面上是这样。因为仁慈的超自然秩序的确切定义是，人对上帝的渴望源于上帝对人的屈尊。"信仰是上帝的恩赐。"（A142，fr.279，459）

"道成肉身"事件让我们从孤独中解脱出来，这种孤独判定我们的生与死都毫无意义："我们的祈祷和美德如果不是耶稣基督的祈祷和美德，在天主面前就是可憎的。我们的罪如果不是耶稣基督的罪，就永远不会成为上帝怜悯的对象。耶稣基督接纳了我们的罪，并接受与我们联盟。"（A97，fr.668，630）帕斯卡依靠这一盟约来克服"进入虔诚生活"的"痛苦"（A94，fr.498，557），因为"恩典不过是荣耀的象征"（A43，fr.643，622）。这就是为什么"可以肯定的是，与自我分离永远总是痛苦的"，帕斯卡建议德·罗阿纳兹小姐（Mlle de Roannez）引用《福音书》（《马太福音》10:34）中的话："耶稣基督带来的是刀剑，而不是和平。"（帕斯卡和德·罗阿纳兹之间的通信，1656年9月24日，211）

因此，胜利就在于对战斗的狂热本身。当帕斯卡认为"诚实的人不可能既可爱又幸福"时，当他将这种诚实的人与"只有基督教能够使人既可爱又幸福"（A8，fr.542，569—570）进行对比时，他一定是赋予了这两个词新的含义，完全不同于世俗的理解。为了理解这一点，我们必须静默思考天主善用疾病的祈祷文。我们将从耶稣的奥秘中领悟到，在那夜的痛苦中保持警惕，"耶稣独自面对天主的愤怒……在花园中，他不像第一个亚当那样在快乐中失去了自己和整个人类，而是在痛苦中拯救了自己和整个人类"（A87，fr.553，574）。最后，佩里埃夫人（Madame Perier）把我们带到了她哥哥因病饱受折磨的房间。当圣-艾蒂安-杜蒙（Saint-Étienne-du-Mont）教堂的牧师呼喊"这是你一直渴望的，我们的主，我带给你"时，帕斯卡睁开了眼睛，最后看了一眼圣体（Saint-Sacrement），流下了最后一滴"喜悦的泪水"，表达了他始终坚定的希望："愿上帝永远不要抛弃我！"

如果我们只局限于收集蒙田在《随笔集》中最棘手的部分所隐藏的正统、顺从的表达，那么可以说，《思想录》手稿中展现的主要思路，完成了《为雷蒙·塞邦辩护》设定的目标。它（蒙田《随笔集》的章节）本可纠正混乱，填补空白。笛卡尔似乎复兴了理性主义，但后者再次被击败了，不过这次是以一种比笛卡尔的方法更深入到物理自然和数学无限的科学名义。

然而，帕斯卡并不抱有幻想。蒙田（如果在世，他会对萨西先生说），"出生在一个基督教国家，信奉天主教，在这一点上他没有什么特别之处"（《与萨西先生的谈话》，150）。重要的是，要应用蒙田自己的规则，以及根据内在本质来评价这个

笛卡尔与帕斯卡：蒙田的阅读者
Descartes et Pascal : lecteurs de Montaigne

人，其关键在于衡量他的灵魂在多大程度上受到了信仰教条的影响。从理论上讲，蒙田已经表明"上帝和真理是不可分的，如果一个存在或不存在，确定或者不确定，另一个必然也是如此"（《与萨西先生的谈话》，154）。通过"一个纯粹怀疑论者的真诚谦卑"，展示了在爱比克泰德的高尚和严厉的格言下隐藏的"恶魔般的骄傲"。（帕斯卡承认）"如果他作为一个信仰教会的门徒，按照道德规范行事，带领那些谦卑的人不再犯新的罪，我会全心全意地爱这样一个伟大的复仇者。因为只有他能使那些他已经证明自己无法仅凭自己认识的人摆脱罪恶。但相反，他以异教徒的方式行事。"（《与萨西先生的谈话》，157）"他激发了一种对救赎的冷漠，没有恐惧，也没有忏悔。由于他的书并非旨在引导人们虔诚，他没有义务这样做，但人们总是有义务不远离这份虔诚。"（A425，fr.63，344）人类性格和人类历史中的矛盾充斥着《随笔集》的各个章节，而帕斯卡本想更详细地描绘这些矛盾，其实这些矛盾只是为了维持蒙田的怀疑，而蒙田似乎根据自己的心情，时而顺从，时而放纵。矛盾本身具有价值。帕斯卡利用这些矛盾来免受对基督教启示提出的解决方案的批评。在爱比克泰德和蒙田之间，更准确地说，在蒙田身上展现的两个方面的对立——无法减弱的伟大本能和无法否认的痛苦体验之间——通过《圣经》和《福音书》的双重教义得到解释和解决，即亚当在根本上腐败的自然中获得永恒，以及耶稣的永恒，后者意味着必须不断更新他的恩典。世俗的反思和神圣的启示在辩证过程中结合在一起："两种对立的理由。必须从这里开始；否则什么都不明白，一切都是异端；甚至，在每一个真理的结尾，都必须记住相反的真理。"（A142，fr.567，585）

帕斯卡在撰写《对话录》（*Dialogues*）和《书信集》（*Lettres*）时，希望采用《致外省人信札》中获得成功的对话形式，通过这种方式，能够将辩护的内部结构与对真正秩序的理解联系起来："我对这一点略知一二，也知道很少有人能理解。没有一种人类科学能够保持这种秩序。圣托马斯没能做到这一点。数学虽然保留了这种秩序，但在其深层次上却无用。"（B376，fr.61，342）数学秩序将我们从枯燥的学术研究中解放出来，在其自身的计划上，又宣告了心灵的秩序。"耶稣基督、圣保罗秉持的是仁爱的秩序，而不是理性的秩序；因为他们的目的是激发热情，而不是教授知识。圣奥古斯丁也是如此。这种秩序的主要特点是，每个论点会离题，最终会回到中心点上，其间整个论证过程可以随时进行展示。"（A59，fr.283，460）

在实现这一目标的过程中取得的连续发展，与科学领域通过积累实验取得的进步毫无关系。这里涉及的是历史问题，唯一重要的是关于过去的权威性证词，而这些证词已无法改变。事实上，这些证词的超自然源头保证了它们从一开始就已经是

笛卡尔与帕斯卡:蒙田的阅读者
Descartes et Pascal : lecteurs de Montaigne

完美的表达。

有了这种对绝对目的的直接认识,帕斯卡创建了一套完整的系统,这个系统在解决任何问题时都没有犹豫,他在此过程中创造了概率论,公开表达了对哲学的轻视。相比之下,笛卡尔却因为需要清晰地将自己的原则贯彻到底而备感困扰。他不仅提出了一系列辅助假说,似乎是为了解释物质和生命现象的全部;并且,他在构建自己的形而上学时,不得不依赖于一些极其模糊和混乱的概念,如灵魂与身体的结合、理解与意志的分离与不相称。然而,我们甚至可能会倾向于支持笛卡尔,从未来的角度看,这些明显的缺陷不可避免地引发了一系列反思和行动,并且获得丰硕的成果——这使得这些缺陷得到弥补。是否正是这点,才体现了他在《谈谈方法》中宣称的方法的精髓?这一点至关重要。

让·施伦伯格先生(M. Jean Schlumberger)在1940年12月9日《费加罗报》的一篇论述精辟的文章中写道:"法国将永远处于对话状态。不总是同一个声音在提问,同一个声音在回答。如果两者之一凭借其信念或论据的力量占了上风,也不是为了让另一个声音沉默,而是通过它、依靠它,就像音乐领域对位法中的旋律线条一样。我们的和谐是一种强烈的对位音乐。"〔该文章被《路标》(*Jalons*)一书转载,1942年,马赛,77—

80〕这一评论以引人瞩目的方式适用于笛卡尔在理性上进行的革命,以及帕斯卡尝试恢复的信仰问题,这两者相互呼应。面对《随笔集》中彻底的怀疑论——这似乎是文艺复兴和宗教改革双重努力的结果——,他们向蒙田致敬,正是按照蒙田留给他们的话语准确地回答了心中的问题。

结 论

当人们试图通过法国思想与英国经验主义或德国浪漫主义之间的关系来刻画其特征时，通常会说：法国思想本质上是富有逻辑的。但天知道人们曾借此说法做出多少文章，用以限制对其在广度上的理解，并质疑其古典精神的深度。然而，有必要澄清这一表达的实际意义以避免产生任何误解。如果所谓的逻辑性仅仅意味着一种倾向，即不满足于对事实的简单记录，或者警惕形而上学想象的便利性，那么，在我们的哲学文本中这种倾向或许更为明显。但往往人们会从这种意义滑向另一种意义，即对逻辑形式主义的崇拜，而这种崇拜将在抽象和虚幻中迷失方向。

通过对蒙田、笛卡尔和帕斯卡的比较研究，我们似乎可以得出一个基本结论，这点对我们的西方文明产生了深远的影响：无论他们在其他方面有多么不同，三人都一致反对经院哲学的遗产。他们认为，系统性地运用演绎推理，无非是培育出一台循环论证的机器。他们始终致力于将人类从这种形式化的空洞学科中解放出来，让人们直接面对关于自身在世界中的位置和人生意义的相关问题。这也是为何在法国思想成功塑造自身特性的那个时代，我们会看到风格迥异但同样拥有取之不尽的启

结论

发力量的作品汇聚一堂,这样的相遇格外动人且具有决定性意义。"我怀疑,我知道,我相信":在任何时候,在任何国家,这些表达思想基本态度的词语,通过蒙田、笛卡尔和帕斯卡之口,达到了前所未有的深度和广泛的共鸣。

当然,我们并不认为法国哲学因此被局限在这三位思想家的框架之内。很明显,许多外国思想对法国思想中的代表人物产生了影响。例如,孟德斯鸠和伏尔泰深受洛克的影响,博纳尔(Louis de Bonald)和德迈斯特(Joseph de Maistre)则受伯克(Burke)的启发。如果没有卢梭在前,我们无法完全理解罗伯斯庇尔和夏多布里昂。库桑、普鲁东和哈梅林(Cousin, Proudhon, Hamelin)相继被黑格尔的辩证法吸引。拉瓦松自称受到谢林的启发,而勒努维耶(Renouvier)和儒勒·拉舍利耶则自称受康德批判哲学的启发。我们甚至不必进行详细的关于"影响"的分析,只需勾勒出这些思想流派的大致轮廓即可。

在这方面,17世纪下半叶呈现的思想史发展局面非常清晰。帕斯卡思想的影响逐渐退去,随之而来的是笛卡尔主义的再次兴起,而这一潮流本身又分为两个方向,分别反映了笛卡尔理性主义的两个不同方面。马勒伯朗士和费内隆(Fénelon)从《第一哲学沉思集》中汲取灵感,更新了基督教的形而上学,而皮埃尔·贝尔和丰特奈尔则通过方法论的检验,形成了真正的

笛卡尔与帕斯卡：蒙田的阅读者
Descartes et Pascal : lecteurs de Montaigne

实证主义。

大阿尔诺（le grand Arnauld）对《自然与恩典论》（*Traité de la Nature et de la Grâce*）进行了无情的批判，足以表明作者的思想是"反帕斯卡主义"。这并不是说马勒伯朗士对罪的认识没有那么生动和透彻，也不是说救赎与道成肉身（Verbe incarné）之间的敏感的关联没有那么紧密；一些同时代的人甚至指责马勒伯朗士与冉森主义之间存在着秘密的关联。然而，两者之间有着根本的区别：亚当的堕落引发了悲剧性事件，颠覆了"完美关系"的秩序，而后通过耶稣的牺牲得以恢复。在马勒伯朗士的哲学中，这一切都建立在笛卡尔数学的原创性基础上。空间的完全理性化，通过将几何学还原为代数而变得显而易见，这确保了神圣无限性能够渗入到所有能够回归自身并在其中观察"比例关系的秩序"的人的心中。因此，无论是土耳其人、不信教者，甚至是恶魔——笛卡尔希望他的哲学能被他们接受，——未受造之道（Verbe incréé）都在其普遍性中显现。马勒伯朗士并不承认，构成基督教奥秘特征的道（Verbe）的双重性会违背首要真理，即历史性与暂时性必须从属于本质与永恒。服务于智慧的信仰终将消逝，而智慧将永存。

这一趋势试图以圣约翰的理性主义取代圣保罗的信仰主义，并在费内隆那里，特别是在他为盖恩夫人的神秘体验进行辩护的那部分作品里得到了进一步加强。在此必须警惕,不可让语言背离其原本的意图。只要神秘主义还保留着一直以来的野心,即在当下就实现灵魂与上帝之间不可分割的、本质上的融合,那么,皇港修道院的宗教信仰与神秘主义就完全对立。没有什么诱惑和幻觉比假装逃避恩典的法则以期待荣耀的胜利更危险了。在1654年11月23日夜间,帕斯卡记录下了自身体验到"火"的异象,在这篇记录(le Mémorial)末尾有这样一句话:"在世间历练的一天,成就永恒的喜悦",这句话足以消除任何误解。无论有多少疑虑、枯燥和痛苦,没有一种神秘的生活不曾经历过狂喜的时刻,似乎人的灵魂与上帝的真实之间的一切距离都被消除了。

因此,超越"灵修"带来的无以言表的、合一的喜悦,意味着帕斯卡无论如何也不会同意以下说法:创造物与造物主之间互为归属的关系被解除。我们将不再需要恨恶自己,因为那仍然意味着我们对自身的执念,而此时我们已经完全抛弃了对自身的任何关注。我们现在可以在上帝那里享受"安息",上帝已经超越了所有心理和历史的界限。正如费内隆所言:"只有在存在的普遍性中才能找到上帝,而存在在各个方面都是无限完美和纯粹的。"这种存在的直觉引发了一种极端内在性的学说。在笛卡尔那里,这种直觉有助于驱散因恶魔天才干预而引发的极端怀疑;而在费内隆的思想中,我们有理由怀疑,这种直觉

笛卡尔与帕斯卡：蒙田的阅读者
Descartes et Pascal : lecteurs de Montaigne

是否也产生了类似的效果，是否有可能使《福音书》里中保（Médiateur évangélique）的降临变得毫无用处。博叙埃（Bossuet）对此感到不安。他公开表达了对马勒伯朗士（Malebranche）哲学的"蔑视"，转而攻击他最初委托去"驳斥"马勒伯朗士哲学的费内隆。在冉森主义和理性主义之争后，又爆发了同样激烈且对教会和平有害的寂静主义之争。

我们记得，帕斯卡、马勒伯朗士、费内隆，乃至博叙埃本人，都是奥古斯丁主义者；此时不禁让人想起奥古斯丁·库尔诺（Augustin Cournot）于1859年11月17日在法国高等教育系统开学典礼上发表的一段话："如果允许我将我的伟大导师之言引申作世俗的理解，我愿对那些肩负此项崇高教育使命的人说：爱真理，然后做你所愿意做的。爱真理，但不是那种仅仅避免谎言的世俗之爱，而是那种细致而无私的爱。它会牺牲一切可能凸显画家才华的东西，只为保持画像的准确性；它会放弃任何华丽但轻率的笔触、引人瞩目但可疑的比喻，以及诱人但值得怀疑的表达。"

为何这些曾令法国教会引以为荣的伟大天才，彼此之间却未能以共同热爱真理的精神而彼此尊重？如果说，帕斯卡、马勒伯朗士、费内隆，先后面临被驱逐至异端边缘的威胁；如果人们竟然将迫使他们否认自身作品中真正深度与独创性的部分

结 论

当作一项神圣的事业；那么，基督教思想还能凭借什么力量去维持它与生命源泉之间的联系，去避免陷入僵化与衰亡？对此，博叙埃给出的回答是：遵循《圣经》的字句与维护权威的纪律。然而，他一生的经历却表明，这种立场招致了双重但又无法摆脱的困境。必须要在"教父传统"与理查德·西蒙展现出的批判精神之间做出明确的裁决；同时，也必须要解决另一重冲突，即高卢派教会自由与罗马教皇至上权威之间的政治对立。

博叙埃因为在一切形而上学沉思中看到了某种"超基督教主义"的幽灵———一种相对于《新约》之于《旧约》那样的新的超越——而对此加以全面排斥，从而使笛卡尔哲学对宗教思想复兴可能做出的贡献陷入停滞，也由此决定了18世纪法国思想发展的命运。实际上，当一位目光敏锐的观察者、一位严谨的道德论者对那个时代、对那个曾孕育出无数才华与美德的民族的天主教进行清算时，他得出的却是一个负面的结论。皮埃尔·贝尔（Pierre Bayle）在宗教改革后走向了蒙田所持的立场。

贝尔同样参与了他那个时代对一切问题的好奇探索与细致求证。他亲身经历了西方基督教世界的两大宗派，既受帕斯卡禁欲精神的熏陶，又被马勒伯朗士的体系吸引。他在面对宗教各派日益激烈的冲突时，始终捍卫神圣的良心自由。天性上，他对各种形式的教条主义都抱有抵触情绪。虽然不能断言他信

笛卡尔与帕斯卡：蒙田的阅读者
Descartes et Pascal : lecteurs de Montaigne

奉摩尼教的二元论，但他提出了一个令人难以回避的问题：如果上帝是唯一的，又如何解释历史上邪恶如此强盛而善良如此微弱？上帝是善的？是恶的？还是说，如同一些古代宇宙论与神话学中描述的那样，上帝其实是二者兼有？而这些古老传说的印记至今仍深深留存在民间信仰之中。

贝尔的《辞典》[1]正是围绕这些问题展开的；他那惊人的博学为丰特奈尔的科学实证主义提供了支持，而丰特奈尔本人则为后来的"百科全书"运动的成功奠定了基础，并预告了其成功。丰特奈尔自称是笛卡尔主义者。如果仿效他的风格继续写作《亡灵的对话》（*Dialogue des Morts*），可以说，他试图将帕斯卡曾借来反对笛卡尔的蒙田拉入理性主义阵营。

丰特奈尔（Fontenelle）曾读到过帕斯卡为《论真空》（*Traité du Vide*）序言准备的那些尚未发表的手稿。在《论古人与今人之差异》（*Digression sur les Anciens et les Modernes*）中，他逐字引用了帕斯卡的一段论述——后来奥古斯特·孔德（Auguste Comte）称之为帕斯卡的箴言：随着时间推移，经验的不断累积必然带来进步，因此可以将整个人类视作一个统一的个体，从童年时空泛的幻想逐步成长为具有成熟判断力的个体。只是，

---

[1] 指《历史与批判辞典》（*Dictionnaire historique et critique*，1697）。——译者注

结 论

帕斯卡将这条进步法则严格限定在自然科学领域内。他指出，根据《福音书》（《马太福音》，18:3）的教导，"智慧让我们回归童真"（A165，fr.271，456）；古代才是真正信仰之源，并确立了道德的规范。丰特奈尔却拒绝接受这种颠倒证明顺序的方法，这种方法会破坏方法的统一性。他转向历史，希望借助历史摆脱对过去的依赖。帕斯卡提到各宗教繁多，不是为了贬低基督教，恰恰相反，是为了强调基督教的独特真实性。"若说基督教并非唯一的宗教，并不是为了表明它不是真理，反而恰恰证明了它是真理。"（A213，fr.589，595）然而，丰特奈尔撰写的《寓言起源论》——这为他赢得了荣誉——，教会了我们比较古代传说和民族志资料，从而为现代人类学奠定了基础，他在书中并未赋予宗教故事或传说以特殊地位。相较之下，那些"异教"神谕并非《随笔集》中讽刺的"晦涩、含混而奇幻的预言术语"（《随笔集》I，XI，52）所独有；而且，一旦有人公开反对维斯帕先（Vespasien）的神迹，也就从根本上动摇了对耶稣奇迹的信仰。

然而，在丰特奈尔的作品中，那种对信仰基础的善意讽刺有着与蒙田和贝尔未曾体验过的对比，即他对科学事业的价值和美德充满信心。或许他甚至超出了合理的界限，在《无限几何学》（*Géométrie de l'Infini*）中，他触及了后来集合论中将引发激烈讨论的一些悖论，却并未意识到其严重性。无论如何，《关

笛卡尔与帕斯卡：蒙田的阅读者
Descartes et Pascal : lecteurs de Montaigne

于世界多元性的谈话》(*Entretiens sur la pluralité des mondes*) 使理性能从容地把握由哥白尼和伽利略的天才思想所开启的广阔天文学视野，而帕斯卡在这些问题里却只感受到了压抑和恐惧的源头。

摆脱了体系的字面规定，也远离了形而上学的原则，笛卡尔精神主导了18世纪的法国，这不仅体现在《百科全书》对科学技术实际应用的重视和对人类福祉的关怀上，还体现在孔迪亚克（Condillac）对方法论的反思上，后者揭示了笛卡尔思想的核心特质。孔迪亚克虽然强调分析的重要性，但这并不意味着他忽视或贬低综合，恰恰相反，他区分了两种不同的综合方式：一种试图跳过分析直接进行综合，由于缺乏坚实的基础，这种综合往往会陷入主观臆断；另一种则依赖于前期系统的分析过程，从而能够确保在综合时的准确性和有效性。因此，要真正理解这种分析逻辑的伟大之处，就必须抛开《感觉论》(*Traité des Sensations*) 中那些模式化的表述和语言技巧，转而关注像拉格朗日的《分析力学》(*Mécanique Analytique*)，后者对解析几何进行了扩展；尤其是要关注法国的天才创造的最杰出的成果，这些成果几乎可以称得上是完全的创新：拉瓦锡（Lavoisier）的化学、拉马克（Lamarck）的生物学、约瑟夫·傅里叶（Joseph Fournier）的热学理论，这三者均获得了不朽的荣誉称号，与他们期望在科学上——即通过分析方法——能够获得的成果的深刻反思相关。

卡巴尼斯（Cabanis）与德斯图·德·特拉西（Destutt de Tracy），这两位思想家也声称继承了孔迪亚克的思想；他们以一种反映了我们古典精神的基本特征——无私、耐心和严谨的态度，重新探讨了心理生理学和心理学的问题。但是，在他们研究工作的终点，由于他们细致且严谨的态度，一个疑问出现了：那些在自然科学对象研究中屡屡奏效的方法，是否足以应对关于人自身的研究？相对于自然科学研究的对象，人始终是作为主体来呈现的。

这个问题持续困扰着19世纪上半叶最具原创性的法国思想家——他正是受到"意识形态学派"影响的缪内·德·比兰（Maine de Biran）。比兰的《日记》（*Journal*）表明，他的哲学思考一开始就是对《论埃比克泰德与蒙田的对话》（*Entretien sur Épictète et sur Montaigne*）的重读。"人是一个不断变化的存在"，然而，这种存在却无法接受在这些不可抗拒的变动中失去自我。比兰期望通过心理学分析，揭示一个深植于自我本质中的事实，这个事实能够在时间的流逝中维持自我的一致性与统一性。他意识到，这一事实与笛卡尔的"我思"（Cogito）有相似之处，但他早期导师的影响使他偏离了方向，转向了对纯粹经验的追求；他曾认为可以在内在的努力中找到这种经验，直到某一天

243

笛卡尔与帕斯卡：蒙田的阅读者
Descartes et Pascal : lecteurs de Montaigne

他意识到这是不可能实现的；严格遵循经验主义却拒绝承认理性自主发展的方法，如何能超越现象的不断变动、触及更深层次的本质？比兰的思想旅程最终通向一条"第二哲学"的道路，这种哲学实际上超越了传统哲学，形成于与帕斯卡的密切交往和对圣约翰、《仿效基督》(*Imitation*) 以及费纳隆思想的温柔沉思中。比兰在斯多葛主义和基督教之间摇摆不定，之后陷入了新的犹豫：一方面是通过严苛的灵修在谦卑中等待恩典，另一方面是通过神秘的精神体验在愉悦和合一中获得神秘的结合。比兰是让帕斯卡感到具有心理共鸣的那类人，因为他们"在呻吟中寻求"。至少，他的《人类学》(*Anthropologie*) 有力地表达了对"第三条道路"的向往，在这条道路上，通过"从上而来"这一原则产生的作用，人变得神圣，这种生活方式与人类在动物化的第一阶段"对称但相反"，而中间阶段是对人性清晰的认识。

奇怪但具有象征意义的事情是：奥古斯特·孔德尽管在许多方面与比兰截然不同，但他们在"第二哲学"的思路上均表现出一种彻底的转向。实证主义经历了类似于毕达哥拉斯学派的命运，在数学家之间产生了分裂，一部分人致力于理性验证的艺术，而另一部分则盲目遵从导师的教导。在实证主义的名义下，孔德既信奉学院派的学说，也信奉教会的教义，但两者的方向截然相反。无论是这里还是那里，孔德对基本的观念都

结 论

表现出同样的关注：分析的客观性、综合的主观性、进步的自发过程、秩序的循环传统。但是，在这里和那里，对孔德的两种思想的价值图谱进行比较时，从第一个到第二个，一切都变得明确、无情、矛盾。

孔德最初宣称继承了孔多塞（Condorce）的"精神遗产"，是建立在科学不断发展进步的基础上，以便为人类服务和拯救人类。他发展了帕斯卡和丰特奈尔提出的进步必然性论点，借用了图尔格（Turgot）的三种状态定律公式：神学、形而上学和实证主义。实证主义的定义基于笛卡尔数学的"核心理念"：代数的"抽象理性"与几何的"具体现实"之间的紧密联系和相互关系。孔德把对分析几何学的推崇推到了极致，他极力排斥概率论，因为他怀疑这种理论会将"微妙性"引入本应属于"纯粹演绎"的学科当中。然而，孔多塞却独到而敏锐地认识到，概率论是建立公正社会的最佳工具。因此，为了让人类了解自身在世界中应有的位置，并让人类理解自身的历史，唯一的途径就是在各个领域中遵循这一成功的方法：将具体事物适当地抽象化，这一过程构成了"实证精神"的核心。

然而，孔德在其痛苦的一生中，不得不经历与他的大师圣西蒙（Saint-Simon）一样的迷失，并像他一样放弃了对学者精神力量的寄望。他徒劳地期望科学家之间的信任，以及他们应当激发民众的信任，能够使民众消除因为信仰自由而产生的不和谐，这些不和谐曾毁掉了革命的成果。

社会将通过利他主义（与利己主义相对立）不断更新和再生，孔德甚至大胆地暗示，追求真理的无私探索本身可能是一种精致的利他主义，正如综合与分析相对、秩序与进步相对。因此，从赞成到反对的转化是如此彻底。帕斯卡曾说："我认为，人们不进一步探讨哥白尼的观点是件好事，（……）对于生命而言，知道灵魂到底是会消失的还是永恒的，这点至关重要。"（A27，fr.218，430）然而，孔德的第一哲学认为，建立一个实证的天文学体系是一件至关重要的事。一旦证明我们的地球不再是宇宙的中心，整个神学体系以及由此产生的形而上学就会崩溃；正如宗教裁判所当时审判伽利略时那样，他们对此有着清晰的认识。

在孔德的第二哲学中，角色发生了逆转。无疑，伽利略的继任者，牛顿的门徒，曾通过计算推导出未知行星的位置，并成功发现了后来被称为海王星的天体。但在孔德看来，这不过是"所谓的发现"，最多只能引起天王星居民的兴趣。从现在起，道德要求理性研究世界，不是为了道德本身，而是为了人类，人类的未来首先应免受新革命的威胁。不再对未来的动态进行展望，取而代之的是对过去静态的反思，这种反思最终导致了对中世纪天主教的系统性回归，并且超越了天主教本身，回归毕达哥拉斯的神圣数字迷信，转向拜物教的"复兴"，后者将空间、地球和人类视为神圣。

显然，这种对宗教仪式和教理问答的幻想模仿与帕斯卡的宗教观相去甚远。事实上，《原始立法》（*La Législation primitive*）的作者和《教皇文集》（*Le livre du Pape*）的作者都是孔德放弃孔多塞转而建立的极权主义神权的代表人物，后者站在了与《致外省人信札》及《思想录》完全对立的位置上。然而，孔德主义体制的这种顺从与帕斯卡赌博论的数学解决方案要求的行为和实践的机械性之间却有着极为精确的对应关系。

在19世纪下半叶，帕斯卡对法国哲学的影响从内到外进一步加深；他全部的手稿由维克多·库赞（Victor Cousin）和普罗斯佩·福热尔（Prosper Faugère）出版，他仿佛成为了和我们处于同一个时代的人。

在此，我们遇到了几个非常熟悉的名字。拉瓦松（Ravaisson）乐于发现表面对立背后可能存在的共通之处，他将意志力与心灵联系在一起，这里的意志力是笛卡尔视为判断力的源泉，心灵则是帕斯卡所说的作为理智推理链条的起点。儒勒·勒奎耶（Jules Lequier）、勒努维耶（Renouvier）和儒勒·拉舍利耶

笛卡尔与帕斯卡：蒙田的阅读者
Descartes et Pascal : lecteurs de Montaigne

则从另外一个角度探讨了赌博论。他们认为这一论证可以用来解决可能困扰纯粹现象学理想主义的矛盾，或是补充传统上关于上帝存在的论证的不足。

随着下一代思想家的出现，帕斯卡的思想更是深入影响了儒勒·拉尼奥（Jules Lagneau）、亨利·柏格森（Henri Bergson）、弗雷德里克·罗（Frédéric Rauh）、莫里斯·布隆代尔等人的理论。这些思想家虽然在思考节奏上各具特色，但某种东西让他们保持了内在的共鸣，这种东西无法用简单的语言来表达，它是帕斯卡的重音，他们将宗教与苦难、本能与爱、经验与感受、内在性与超越性联系在一起，而我们在这种方式中感受到了帕斯卡的影响。

至少乍一看，这更接近于当今欧洲因索伦·克尔凯郭尔（Sören Kierkegaard）的作品而引发的"存在"浪漫主义运动。对于悖论的兴趣，以及绝望的呼声，这些都与帕斯卡的言论有着惊人的相似之处："我们的宗教是明智而疯狂的（……）违背常识和人的本性。"（A461 和 7, fr.588、604，594、599）然而，两位思想家之间存在一个根本的差异。克尔凯郭尔粗暴地将自己与他所处的文明割裂，而帕斯卡的天才创造力则确保了文明的进步，他的作品历经几个世纪，仍然能够激发和引导哲学家的沉思。

结 论

奥古斯丁·库尔诺（Augustin Cournot）和埃米尔·布特鲁（Émile Boutroux）的作品提供了强有力的证据，证明了批判性思维在他们的思想中再次超越了几何学的教条主义。库尔诺利用奥古斯特·孔德厌恶的概率论，不仅将其应用于将政治经济学转变为一门实证学科，还用它精确且谨慎地衡量科学、历史和形而上学中合理的内容。面对复杂的实验事实，孔德拒绝屈服于定律的威严、简单公式的僵化，如马里奥特定律或牛顿定律。埃米尔·布特鲁从帕斯卡提出的命题出发——即机械论的真理仅在"大致上"成立——，主张单一事件相对于抽象的普遍性拥有不可否认的权利。这并不能动摇因果决定论的基础，但却能防止思想被它为了捕捉宇宙现象而设置的框架所束缚。思想应当不断地调整和重构这些框架，以便更贴近地把握现实的无限微妙性。

库尔诺于1877年逝世，他的论文《自然法则的偶然性》（«De la Contingence des Lois de la Nature»）发表于1874年。毋庸置疑的是，真正的实证科学通过一些出乎意料的方式证实了库尔诺的预言，这些预言在当时与科学家的普遍观点背道而驰。爱因斯坦喜欢这样说，他"自由地发明"了一种引力理论，修正了牛顿公式的近似值，这要归功于对时间和空间概念的彻底重构：就像哥白尼体系曾为感官世界的现实性作出公正评判一样，相对论也为科学定律的现实性作出了公正评判。通过发现波动力学，路易·德布罗意（Louis de Broglie）奠定了概率物理

249

笛卡尔与帕斯卡：蒙田的阅读者
Descartes et Pascal : lecteurs de Montaigne

学的基础，这一物理学追求探索世界的元素，是帕斯卡设想的科学的胜利，但若排除笛卡尔的启发则并不公平；这一点对于成功解决在我们面前对峙的怀疑、知识与信仰的纯粹天才之间的三部曲来说可能具有重要意义。

我们已经提到，"波粒二象性"在某种程度上可以追溯到《哲学原理》中的旋涡理论。另外，笛卡尔的机械论虽失败了，但也不应掩盖笛卡尔的分析方法获得的胜利。现代原子论的发展要求我们放弃对空间表象的任何期望，仅依赖于方程的运用，也就是说，我们必须走上这条理想主义的道路，即笛卡尔将代数创建为独立学科而开辟的道路，但他为了建构普遍的机械体系而放弃了这条道路。

因此，通过另一种从"肯定"到"否定"的逆转，帕斯卡的科学观念可能会帮助我们摆脱一种堕落的笛卡尔主义。这种堕落的笛卡尔主义，如同实证主义一样，拒绝反思其自身的原则。而帕斯卡的科学观念能够激发出一种"泛笛卡尔主义"的想法，这种思想可以在方法的一致性中涵盖知识的无尽多样性，并从内在将其与灵魂的最深远的渴望联系起来。通过这样的运动，或许能够缓解甚至消除由帕斯卡引入的、存在于"伟大"之中的分裂——这种伟大"对国王、富人、军队指挥官，所有这些具有肉身的伟人来说都是隐形的"（A53，fr.793，696）。这类分裂的存在使得"伟大"自身也面临着与自身本质相悖的危险，因为这意味着我们默认了精神与真理在一边，而智慧与慈爱在另一边的永久分裂。在这里，就像在别处那样，但尤其在这里，当前的任务是追求并重建那件"无缝圣袍"①的神圣统一。

---

① 出自《新约·约翰福音》(19:23)。——译者注

西方思想文化译丛（已出版）

1.《男性与女性》
〔法〕保罗-劳伦·阿苏 著 徐慧 译

2.《儿童精神分析五讲》
〔法〕埃里克·迪迪耶 著 姜余 严和来 译

3.《独自一个女人》
〔法〕克里斯蒂娃 著 赵靓 译

4.《萨宾娜·斯皮勒林：弗洛伊德与荣格之间》
〔法〕米歇尔吉布尔 雅克诺贝古 编 左天梦 许丹 康翀 译

5.《女人与母亲——从弗洛伊德至拉康的女性难题》
〔法〕马科斯·扎菲罗普洛斯 著 李锋 译

6.《哲学家波伏娃》
〔法〕米歇尔·盖伊 著 赵靓 译

7.《权力的形式：从马基雅维利到福柯的政治哲学研究》
〔法〕伊夫·夏尔·扎尔卡 著 赵靓 杨嘉彦等 译

8.《重建世界主义》
〔法〕伊夫·夏尔·扎尔卡 著 赵靓 译

9.《欲望书写——色情文学话语分析》
〔法〕多米尼克·曼戈诺 著 冯腾 译

10.《感性的抵抗——梅洛-庞蒂对透明性的批判》
〔法〕艾曼努埃尔·埃洛阿 著 曲晓蕊 译

11.《中国人关于神与灵的观念》
〔英〕理雅各 著 齐英豪 译

12.《德勒兹与精神分析》
〔法〕莫妮克·达维-梅纳尔 著 李锋 赵靓 译

13.《拉康》
〔法〕阿兰·瓦尼埃 著 王润晨曦 译

14.《哲学美学导论》
〔德〕玛丽亚·E.艾希尔 著 李岱巍 译

15.《福柯与疯狂》
〔法〕弗雷德里克·格罗斯 著 孙聪 译

16.《子午线的牢笼——全球化时代的文学与当代艺术》
〔法〕贝尔唐·韦斯特法尔 著 张蔷 译

17.《文学地理学》
〔法〕米歇尔·柯罗 著 袁莉 译

18.《什么是现象学？》
〔德〕亚历山大·席勒尔 著 李岱巍 译

19.《朗西埃：智力的平等》
〔法〕夏尔·拉蒙 著 钱进 译

20.《文学、地理和后现代地方诗学》
〔美〕埃瑞克·普利托 著 颜红菲 译

21.《马丁·海德格尔：自由的现象学》
〔德〕君特·费格尔 著 陈辉 译

22.《精神病患者的艺术作品》
〔法〕法比安娜·于拉克 著 郝淑芬 译

23.《迷失地图集：地理批评研究》
〔法〕贝尔唐·韦斯特法尔 著 张蔷 译

24.《德里达：书写的哲学》
〔法〕夏尔·拉蒙 著 李锋 赵靓 译

25.《贝克莱的世界：关于三次对话的考察》
〔英〕汤姆·斯通汉姆 著 滕光伟 译

26.《雅克·拉康的"父姓"——标点与问题》
〔法〕埃里克·波尔热 著 郝淑芬 译

27.《笛卡尔与帕斯卡：蒙田的阅读者》
〔法〕莱昂·布朗什维克 著 左天梦 译